Bernhard Gühne

Über Hobbes naturwissenschaftliche Ansichten

und ihren Zusammenhang mit der Naturphilosophie seiner Zeit

Bernhard Gühne

Über Hobbes naturwissenschaftliche Ansichten
und ihren Zusammenhang mit der Naturphilosophie seiner Zeit

ISBN/EAN: 9783743422070

Hergestellt in Europa, USA, Kanada, Australien, Japan

Cover: Foto ©berggeist007 / pixelio.de

Manufactured and distributed by brebook publishing software (www.brebook.com)

Bernhard Gühne

Über Hobbes naturwissenschaftliche Ansichten

ÜBER

HOBBES

NATURWISSENSCHAFTLICHE ANSICHTEN

UND

IHREN ZUSAMMENHANG

MIT DER

NATURPHILOSOPHIE SEINER ZEIT.

INAUGURAL-DISSERTATION

ZUR

ERLANGUNG DES DOKTORGRADES

DER

PHILOSOPHISCHEN FAKULTÄT DER UNIVERSITÄT LEIPZIG

VORGELEGT

VON

BERNHARD GÜHNE.

DRESDEN,
DRUCK VON B. G. TEUBNER.
1886.

Aus den Banden der Scholastik hatte mit anderen auch Galilei versucht, die wissenschaftliche Welt zu befreien und zu neuem, fruchtbringenden Wirken zu erwecken. Seine Bestrebungen finden den lebhaftesten Wiederhall in den Herzen aller nach wahrem Wissen strebenden Männer seiner Zeit und rufen edlen Wetteifer auf allen Gebieten der Naturwissenschaften hervor. Aber die aristotelische Philosophie hatte schon manchem aufstrebenden Geiste durch ihre Autorität erfolgreich widerstanden, und so sehen wir auch eine Reihe begeisterter Geisteskämpen vor Galilei gegen dieses Bollwerk anstürmen, ohne dass es ihnen gelungen wäre, die ungeheure Menge der sich entgegenstellenden Vorurteile zu bewältigen. Aus der Zahl der Männer, deren Lebensziel es war, die Wissenschaft in neuere, sichere Bahnen zu lenken, mögen neben Galilei nur Kepler, Descartes, Mersenne, Gassendi, Stevin, Boyle angeführt werden. Man wird aber in der Reihe derselben auch den Begründer des Naturrechts nicht vergessen dürfen, Thomas Hobbes (cfr. Thomas Hobbes Angli Malmesburiensis philosophi vita 1682), dessen Werke uns ein beredtes Beispiel liefern für das Bemühen, das menschliche Wissen zur unerschütterlichen Gewissheit zu erheben. Seine naturwissenschaftlichen Lehren sind in ihrer eigentümlichen Auffassung schon eine Emanzipation von der aristotelischen Philosophie, und eine Betrachtung derselben lässt die Bestrebungen, welche Hobbes charakterisieren, deutlich hervortreten. Dazu kam, dass er, ausgerüstet mit umfassendem Wissen, damit eine Schärfe der Syllogistik verband, die ihn oft sogar das Falsche seiner Ansichten mit scheinbar überzeugender Klarheit darlegen lässt. Seine naturwissenschaftlichen Lehren finden sich in den Werken de corpore, de homine, ausserdem in vol. IV und vol. VII von Hobbes Werken enthalten. Bei der im Folgenden angestellten Betrachtung der auf die Naturwissenschaften bezüglichen Lehren Hobbes finden auch die rein philosophischen Ansichten desselben kurz ihre Berücksichtigung. Deshalb bleibt die von Hobbes getroffene Einteilung in Logik, Philosophia prima, Lehre von den Bewegungen in der Körperwelt und Physik auch beibehalten.

I. Logik.

Hobbes erklärt die Philosophie für eine solche Kenntnis der Wirkungen und Erscheinungen, wie wir sie uns durch genaue „Ratiocinatio" verschaffen, wenn Ursache und Ursprung derselben uns bekannt sind (ex conceptis eorum causis), und umgekehrt derjenigen Ursachen, die wir nur erst aus ihren Wirkungen kennen (ex cognitis effectibus; de corp. I, 2; vol. I, cap. 15, p. 381; exam. et emend. math. hod. p. 26). Hobbes denkt bei seiner Erklärung der Philosophie an den Gegensatz zwischen analytischer und synthetischer Methode (de corp. 6, 4; 20, 6; 25, 1; vol. IV p. 26) und giebt dafür selbst folgende Definitionen: „Analysis" ist das logische Schliessen von der vorausgesetzten Erzeugung eines Dinges auf die erzeugende Ursache, oder die mitwirkenden Ursachen des Erzeugten, „Synthese" ist das logische Schliessen, ausgehend von den ersten Gründen der Konstruktion, durch alle mittleren Ursachen hindurch bis zu dem konstruierten und erzeugten Dinge selbst. Der in de corpore gegebenen Definition der Philosophie steht die einen wesentlich veränderten Standpunkt in der Ansicht Hobbes' dokumentierende Erklärung im Leviathan (part. IV ch. 46) zur Seite, wo unter Philosophie das Wissen verstanden wird, welches erworben ist durch Entwickelung der Gedanken von der Erzeugung eines Dinges zu den Eigenschaften, oder von den Eigenschaften zu einer möglichen Art der Erzeugung derselben (cfr. Vierteljahrschrift für wissensch. Phil. 4; 1880, p. 64). Zu dieser neuen Auffassung leitete ihn die mathematische Bewegungslehre, deren Verallgemeinerung das Ziel des Hobbesschen Denkens ist. Das Charakteristische der Erkenntnis, und zwar der philosophischen, liegt nun darin, dass dieselbe durch „Ratiocinatio" erworben sein müsse. Die „Methodus philosophandi" ist der kürzeste Weg, um die Ursachen der Thatsachen zu erforschen und durch allgemeine Schlüsse untrügliche Wahrheiten erkennen zu lehren (exam. et em. p. 23; de corp. I, 2; VI, 1; 25, 8). Diese Ratiocinatio fasste Hobbes als ein Rechnen auf, insofern die Anhäufung der verschiedenen Dinge oder Eigenschaften der Körper uns eine Summe, die Beschränkung oder Aufhebung einer Anzahl derselben eine Differenz, somit eine Computatio, einen Überschlag repräsentiert (de corp. 1, p. 4: ratiocination is the same with addition and subtraction; und per ratiocinationem intellego computationem). Da das Denken also überhaupt nur eine ganz äusserliche Operation ist, so ist die Philosophie, ganz in dem Sinne, wie die Mathematik, eine demonstrative Wissenschaft, und wird ebenso gewiss sein, wie diese, wenn nur die Definitionen richtig sind (cfr. Ludwig Feuerbach, Geschichte der neueren Philosophie: „über Hobbes"). Diese Art, wie Hobbes das Denken und die Demonstration auffasst, stellt nicht nur die mechanische Äusserlichkeit seiner Denkweise deutlich dar, sondern enthält auch schon die Kantsche Ansicht vom Denken in sich, demzufolge das Denken ohne äussere Anschauung leer ist, sich nur begreifen lässt, was sich konstruieren, d. h. nach gewissen Normen formen lässt, und daher ein begreifendes Wissen vom Ewigen, Unendlichen nicht möglich ist (cfr. Kant, Ausgabe von Karl Rosenkranz, Proleg. p. 66; Kr. d. r. V. p. 137, 198, 204, 213). Es spricht sich in der Hobbesschen Auffassung eine besondere Wertschätzung der Mathematik oder vielmehr ihrer Methode aus, indem er in seinen philosophischen und politischen Ansichten die Mathematik sich zur Richtschnur genommen und seine Lehre mathematisch-mechanistisch zu entwickeln versucht hat. Die Wirkungen oder Erscheinungen der Dinge werden demzufolge aus gewissen, die Unterscheidung herbeiführenden Fähigkeiten oder Kräften der Körper erklärt. Diese früher beobachteten Wirkungen zu unserm Nutzen, unsrer Machtvervollkommnung zu verwenden, das ist der Endzweck der Philosophie (The end of knowledge is power, de corp. 1, p. 7. Ad commoda nostra — ad vitae humanae usus, de corp. 1, 6). Die Lust am Wissen selbst wird nicht so hoch angeschlagen (de hom. 10, 4; 11, 9), und Hobbes schätzt die Mathematik mit ihren Erfindungen und die Physik an sich mit ihren unsichern Hypothesen (Probl. phys. dedic.) viel geringer als Moral und Politik, weil diese die wichtigsten Güter des Menschen im Auge hätten, gegen welche Mathematik und Physik nur wie ein Spiel gelten (quadratura circuli dedic. vol. IV latine p. 487, 488: „scio philosophiam seriam universam esse, quae versatur circa pacem et fortunas civium, principalem, caeteras nihil esse praeter ludum"). Er beabsichtigt nur, der Politik eine ebenso feste Grundlage und Methode zu geben, wie sie die Mathematik schon lange besitzt, und da er die Ethik und Politik als Teile der Philosophie betrachtet (de corp. 1, p. 11), welche auch durch Hilfe der Mathematik in eine bessere Form gebracht werden sollen (ex. et em. math. hod. p. 29), so muss er den ganzen Körper der Philosophie in Untersuchung ziehen. Hauptzweck bleibt bei ihm die Politik,

Über diese Auffassung sagt F. A. Lange in seiner „Geschichte des Materialismus" (p. 234 flg.): „Hobbes macht geradezu die Philosophie der Politik und Industrie dienstbar und treibt in diesem Punkte nicht nur die Konsequenz des wissenschaftlichen Materialismus auf die Spitze, sondern er bahnt auch direkt eine Verbindung an zwischen dem besseren Materialismus des Lebens und dem der Wissenschaft". Diese Ansicht von dem Ziele der Philosophie fällt beinahe mit dem Baconschen „tantum possumus, quantum scimus" zusammen, denn auch bei diesem decken einander Wissenschaft und Macht, und Bacon sucht nur für den Nutzen und die Grösse der Menschheit neue Grundlagen. Aber wenn sich beide Männer auch in dieser Auffassung begegnen und ausserdem beide die scholastische Methode durch die Induktion ersetzen, so variieren sie schon darin, dass Hobbes abweichend von Bacon, auch die Bedeutung der Deduktion gewahrt wissen will (vol. I, ch. XXV p. 388). Ferner hält Hobbes die Logik hoch, welche Bacon bekämpft, und während Bacon die Mathematik fast gar nicht kannte, übertrug Hobbes ihre Methode sogar in die Politik und Ethik, so dass man Hobbes wohl nicht einen Schüler Bacons nennen darf, wenn man vielleicht auch zugestehen muss, dass er durch seinen Umgang mit demselben in seiner Abneigung gegen die scholastische Philosophie und seinem Streben nach wirklichem, sich auf Beobachten der Thatsachen gründendes Wissen bestärkt worden ist, wesentlichen Einfluss hat Bacon nicht ausgeübt. Und was man als Argument dafür anführen will, die Ähnlichkeit in den politischen Ansichten, das lässt sich mit demselben Recht aus der Ähnlichkeit ihrer socialen Stellung erklären. Beide verbrachten ihr Leben in den höheren Kreisen, deren Interessen eng mit denen des Herrscherhauses verknüpft waren, und deshalb vertraten sie auch gleiche Interessen mit demselben (cfr. Tönnies, Vierteljahrschr. f. w. Phil. III, 1879, p. 459 flg.; Charles de Rémusat, hist. de la phil. angl. vol. I, p. 328; F. A. Lange in seiner Geschichte des Materialismus sagt p. 127 über Hobbes: „Sein Leben war ein Hofmeisterleben in den Regionen des höchsten englischen Adels"). Während ferner Bacon als Nichtmathematiker gänzlich ausserhalb der philosophischen Bewegung seiner Zeit stand und noch gar kein erkenntnistheoretisches Problem kannte, war Hobbes dagegen einer der ersten in der neuen Epoche, welcher sich um die Lösung der Centralfrage der Erkenntnistheorie: „Ob und wie ein Wissen möglich sei, welches der aus Definitionen und Axiomen demonstrierenden Geometrie an Gewissheit gleich komme" bemühte; und er lobte die mathematische Methode als die sicherste, weil sie von unscheinbaren, jedermann verständlichen Grundsätzen aus Schritt vor Schritt vorschreitend die wichtigsten Folgerungen zu ihrem Ergebnis hat (hum. nat. 13, 3; exam. et em. math. hod. p. 22, 23). Hobbes gelangte zum grossen Teile zu dieser Auffassung durch seine Beschäftigung mit den Elementen Euklids, dessen syllogistisches Verfahren ihm am geeignetsten zur Anwendung auf alle Gegenstände des Erkennens erschien, um besonders Moral und Ethik durch strenge Verfolgung dieser Methode zur Gewissheit zu erheben. Seinen mathematischen Beschäftigungen verdankt Hobbes auch eine grössere Strenge des Raisonnements und mehr Anhänglichkeit an die syllogistisch-demonstrative Methode. Er studierte auf seiner zweiten Reise nach dem Kontinent (1629) besonders die „Elemente" und es hat sehr viel Wahrscheinlichkeit für sich, dass es die von Claude Dechales veröffentlichte Ausgabe des Euklid war (Whewell, Geschichte der indukt. Wissensch., übers. von J. J. von Littrow; vol. II, p. 64). Charles de Rémusat in seiner „histoire de la philosophie anglaise" (vol. 1, p. 329) sagt darüber mit Hinblick auf Hobbes' unglückliche Versuche in der Geometrie: „Il s'éprit d'un goût malheureux pour la géométrie, moins touché des vérités qu'elle démontre que des exemples qu'elle donne d'un emploi correct de la logique". Die Wertschätzung der Geometrie spricht Hobbes selbst in der Dedikations-Epistel des Buchs „de cive" so aus: „Alles, was wir im praktischen Leben der Physik verdanken, das verdanke die Physik der Geometrie; daher sei fast alles, was die heutige Zeit von vergangener Barbarei unterscheide, als Wohlthat der Geometrie anzusehen. Mit demselben Erfolg werde sich dereinst das Unternehmen belohnt zeigen, nach geometrischer Methode Moral und Politik zu deducieren" (cfr. Tönnies, Vierteljahrschr. IV, 1880, p. 57). Er soll zu dieser Auffassung die erste anregende Idee von Galilei gelegentlich eines Besuchs bei demselben im grossherzoglichen Lustschloss Poggia Imperiale unweit Florenz (1636) empfangen haben (cfr. Kästner, Geschichte der Mathematik; vol. IV, p. 195). In Leviathan (part. I, ch. IV) nennt er die „Geometrie die einzige Wissenschaft, welche es Gott gefallen hat, bislang der Menschheit zu verleihen". Und zwar verlangt er die Anwendung der Geometrie auf Gegenständliches. Er ging in dieser Forderung so weit, die Geometrie ohne diese Nutzanwendung als eine „unnütze und schwierige Spielerei" hinzustellen (princip. et probl. aliq. geom. 1674, op. lat. V, p. 200). Die Geometrie würde also selbst als eine Wissenschaft von Bewegungen aufgefasst werden, in der Ursache und Wirkung nach dem Früher und Später unterschieden werden können und somit als aus Definitionen demonstrierbar. So legt auch bei seiner Naturphilosophie Hobbes nur die mathematische Anschauung zu Grunde und erzeugt aus ihr allein die Natur, denn „qui philosophiam naturalem quaerunt, nisi a geometria principia quaerendi sumant, frustra quaerunt" (de corp. VI, 6).

Entsprechend der Definition der Philosophie ist Objekt derselben jeder Körper, dessen Entstehen und Eigenschaften wir kennen, denn die Empfindung stellt uns ein Objekt, d. h. einen Körper, dar; und zwar fasst Hobbes den Begriff des Körpers als identisch mit dem der Substanz (de corp. ch. VIII, p. 117), eine unkörperliche Substanz ist ihm ein Unding, ein contradiktorischer Ausdruck. Wo Bacon also noch gegen die immaterielle Substanz des Aristoteles polemisiert, da ist Hobbes bereits fertig und unterscheidet ohne weiteres „den Körper und das Accidenz" (cfr. F. A. Lange, Geschichte des Materialismus). Die Philosophie schliesst als blosse Körperlehre von sich die Theologie aus, die Lehre von der Natur und den Eigenschaften Gottes als des Ewigen, Unerzeugten. Denn wo nichts zu addieren und zu subtrahieren ist, hört das Denken auf (ubi ergo generatio nulla aut nulla proprietas, ibi nulla philosophia intelligitur, de corp. 1, p. 10). Da es nach ihm keine vernünftige Definition giebt, die nicht auf eine sensible Wahrnehmung zurückgeführt werden kann, muss die unausgedehnte Substanz, der reine Geist, das Unendliche, Gott, von der Philosophie ausgeschlossen werden. Und wenn uns auch der Zusammenhang zwischen Ursache und Wirkung nicht zur Annahme eines letzten Grundes aller Bewegung, wie Descartes es that, eines ersten bewegenden Princips führte, wenn dagegen ein unendlicher Causalregressus wohl denkbar wäre, würde er in Wirklichkeit doch nicht ausführbar sein; man müsste schliesslich bei einer Ursache stehen bleiben, und die Ursache, bei welcher dies geschieht, nennt man dann Gott (de corp. IV, cap. 26, 1; Leviath. part. 1, 12; engl. works vol. III, p. 96; 3. object., object. V). Es bleibt uns also die nähere Bestimmung seines Wesens etwas ganz undenkbares, dem Denken selbst widersprechendes, so dass die wirkliche Anerkennung und Erfüllung der Idee Gottes dem religiösen Glauben überlassen bleiben muss. Auch den Geist können wir nicht in Betracht ziehen, weil Hobbes unter Geist einen natürlichen Körper von solcher Feinheit versteht, dass er nicht auf die Sinne einwirkt, sondern nur den Raum ausfüllt, welchen das Bild eines sichtbaren Körpers ausfüllen könnte (vol. IV, ch. XI, 4, p. 60; über das „Unendliche" cfr. de corp. XXVI, p. 411, 412). Ebenso ist Geschichte (natural and political) auszuschliessen, weil solches Wissen nur auf Erfahrung und Autorität beruht, nicht auf Ratiocination (de corp. 1, p. 10; vol. IV, ch. VI, 1; Ludwig Feuerbach, Geschichte der neueren Philosophie), und uns die Erfahrung nur eine Wiedererinnerung an die Folge der Erscheinungen, aber keinen allgemeinen Schluss giebt, während die Wissenschaft nicht bei den Thatsachen stehen bleiben soll, sondern ihre Ursache erforschen und durch allgemeine Schlüsse untrügliche Wahrheiten erkennen lehren (de corp. 1, 2; 6, 1; 25, 8; hum. nat. 4, 6; 10). In der Ausschliessung der Theologie aus dem Gebiete der Philosophie zeigt sich der principielle, Form und Inhalt umfassende Gegensatz Hobbes' gegen die Scholastik, indem nach ihm das Materielle, Sinnliche oder Erscheinende Ziel und wesentliches Objekt des Geistes ist im Gegensatz zu jenem innerlich religiösen und metaphysischen Leben des Mittelalters, demzufolge jede Zerstörung oder Widerlegung aristotelischer Lehren, oder die Trennung von Philosophie und Religion für ein Verbrechen galt (cfr. Whewell, Geschichte der indukt. Wissensch. vol I, p. 410. Bouillier, „histoire et critique de la revolution cartésienne" p. 4 sagt darüber: „La théologie était (au moyen âge) la science unique, et ses représentants disposant à la fois des forces de l'Eglise et de l'Etat, ne toléraient aucune doctrine qui fut contraire à ses enseignements ou qui même parût s'en écarter et s'en distinguer). Analog der Teilung der Körper in natürliche und künstliche ergiebt sich auch die Spaltung der Philosophie in zwei Hauptteile, „natural" und „civil" philosophy (de corp. 1, p. 12).

Um Philosophie zu treiben, um zu rechnen, bedürfen wir gewisser Kennzeichen (marks), mit Hilfe deren wir uns die früheren Vorstellungen ins Gedächtnis zurückrufen und ordnen (vol. IV ch. V, 1). Diese „Marks" sind willkürlich gewählte, wahrnehmbare Zeichen, deren Wahrnehmung in unsrer Seele den früheren ähnliche Vorstellungen wiederentstehen lassen, und zwar ist dabei die Ursache des Zusammenhangs der Vorstellungen ihr erster Zusammenhang zu der Zeit, wo sie durch Sinneswahrnehmung hervorgebracht wurden. „Signs" dagegen sind Begriffe natürlichen

Ursprungs, welche dazu dienen, die Vorstellungen des Einen Anderen mitteilen zu können, d. h. wenn man so oft gleichen Vorumständen gleiche Nachumstände hat folgen lassen, dass man jedesmal das Eine wegen des Anderen erwartet, dann nennt man beide Zeichen (signs) voneinander (vol. IV, ch. IV, 9). Marks und Signs differieren nur darin, dass wir die ersteren zu unserm eignen Gebrauch, die letzteren zum Gebrauch Anderer konstruieren (de corp. I, cap. II, p. 13—15). Unter „Sprache" wird demzufolge eine Verbindung von Worten verstanden, sofern dieselben Zeichen unsrer Gedanken bilden. Und zwar dienen die Worte zunächst als Marks, bevor sie wie Zeichen gebraucht werden. Ein Name ist ein von unserm Willen abhängiges Merkmal, welches einer andere Vorstellung associiert ist, und wir erwarten, dass die associierten Vorstellungen zusammen wiederkehren, indem eine die andern nach sich zieht (Names are signs not of things, but of our cogitation; de corp. II, p. 17). Die Worte sind sonach zum Urteilen notwendig, und die Empfindungen werden nur Ideen, soweit sie benannt sind. Es hängt somit nach Hobbes die Wissenschaft ab von einer genauen Analyse des Sinnes, welchen man den Worten beilegt, die Definition ist der fundamentale Fortschritt, die Wissenschaft nur eine Deduktion, angewandt auf die Definition, das heisst ein geometrischer Process (Charles de Rémusat, p. 346). Die Ansichten Hobbes' über die Wichtigkeit der Zeichen und der Sprache für den Gedanken und die Wissenschaft haben viel Analogie mit denen Condillac's und Locke's. Nach dem Ersteren wird die Wiederholung bereits gewordener Ideenkombinationen und die Entstehung neuer am meisten durch den Gebrauch der Zeichen erleichtert, besonders der willkürlichen, der Worte, deren Gebrauch die durch das eine Wort bezeichnete komplexe Idee dem Hörer zum Verständnis bringt, somit mit der Sprache zusammenfällt, während nach Locke die Vorstellungen, welche aus den beiden ursprünglichen Quellen derselben, den Empfindungen und der Reflexion, als Wahrnehmung der Thätigkeit der Seele, hervorgehen, von der Seele, wie von einer unbeschriebenen Tafel empfangen würden, und es durch die Worte (die Sprache) möglich wird, dass der Hörer dieselben Ideen genau so verbindet, wie der Sprechende. Indem nun Hobbes alle unsre Begriffe (conceptions) auf den Associationen der Sprache beruhen lässt, indem er behauptet, dass die Universalien von den Dingen erst abstrahiert, nur Worte (voces oder nomina, vol. IV, ch. 5, 6, p. 22), oder subjektive Illusionen, wie sie Kant nannte, sind, indem er nur individuelle Dinge als das Wahre in der Welt anerkannt wissen will, erneuerte und entwickelte er die Meinung der Nominalisten (Hobbes erhielt seine gelehrte Bildung in Oxford, wo er die Logik der Nominalisten kennen lernte), besonders die Lehre Wilhelm von Occams (cfr. Ritter, Geschichte der Philosophie, Bd. 10, p. 468), welche den Generalideen, den Principien keinen, von dem menschlichen Geiste, der sie umfasst, unabhängige Bedeutung zuerkannten. Mit ihnen verband Hobbes zugleich noch das Bestreben, die Einsicht in das Blendwerk der scholastischen Philosophie zu befördern. Inwiefern wir nun berechtigt sind, die Associationen der Sprache als den Ausdruck der wirklichen Verkettung der Dinge anzusehen, und unsere Empfindungen als die Bilder der von uns selbst unterschiedenen Bilder, das beantwortet Hobbes dahin, dass wir dazu durch kein legitimes Motiv autorisiert, und alle unsre Voraussetzungen mit Hinsicht darauf willkürliche sind (Hobbes, de corp. II, p. 13 flg.; Degerando, hist. comparée des systèmes de philosophie, vol. III, p. 91). Um nun den mancherlei Täuschungen, welchen der Mensch beim Schliessen unterworfen ist, zu begegnen, müssen wir mit den ersten Gründen unsres Wissens und Empfindens beginnen, wir müssen die eigenen Begriffe und Anschauungen genau ins Auge fassen (vol. IV, ch. V, 14). Man könnte die Auffassung des Hobbes mit dem Satze des Protagoras „der Mensch ist das Mass aller Dinge" in Verbindung bringen und würde bei weiterer Ausführung der Hobbes'schen Lehre nach dieser Richtung zu der Meinung gelangen, dass alles Urteilen nur vom individuellen Belieben abhängig sei, und es nur auf die Art der Darstellung und Auffassung einer Sache ankomme, um ihr diesen oder jenen Charakter und selbst völlig entgegengesetzte Eigenschaften beizulegen (cfr. Dühring, Kr. Gesch. d. Philos., 2. Ausg., p. 767). Aber Hobbes ging durch seine Lehre von der Relativität der Begriffe, sowie durch seine Theorie von der Empfindung über den Materialismus hinaus. Durch seine Lehre über die Sprache eröffnete Hobbes zugleich dem Skepticismus von neuem den Weg. Das logische Schliessen ist die einzige Garantie für die Wissenschaft, und die Logik (oder die Definitionen), bei weitem mehr als die Erfahrung, ist das definitive Instrument des menschlichen Wissens. Wenn nun die Empfindung (sensation), die dem logischen Überlegen als Grundlage dient, wenigstens hinsichtlich der wirklichen Existenz ihres Objekts keinen Glauben verdient, wenn alles bei unsern

Wahrnehmungen (perceptions) relativ ist, warum würde es nicht auch so sein bei unserm logischen Schliessen (Charles de Rémusat, p 334)? Es würde also nach seiner Auffassung (der exklusiven Subjektivität) unmöglich sein, zu einer sicheren und sich auch in letzter Instanz bewährenden Erkenntnis zu gelangen, was eben Ausgangspunkt und Ziel der skeptischen Nachweisungen ist. Hobbes wollte aber nur bezüglich der Dinge skeptisch sein, von denen wir uns kein Bild machen können, wie z. B. von Gott: „Wir haben von ihm keine Idee", ruft er Descartes zu, „es folgt daraus, dass die Imagination der ganze Gedanke ist." — „Ich begreife durch die Idee", antwortet Descartes, „alles, was gedacht wird, alles was durch den Geist (mente) unmittelbar begriffen wird" [Object. V, p. 204 (Ausgabe Elzevir 1642). Charles de Rémusat, p. 355]. Hobbes schränkt aber durch seine Auffassung zugleich die Theorie Lockes ein, indem er auf die Erfahrung allein, die Empfindung, den Ursprung unsrer Ideen zurückführte, welche Locke der Empfindung und der Reflexion zusammen übertrug (Degerando, T. III, p 91), und auf diese beiden Arten von Ideen und ihre Verbindungen das Bereich des Verstandes beschränkte. Und während so Hobbes den Satz: „Nihil est in intellectu, quod non fuerit in sensu", analog der Condillac'schen Auffassung „penser est sentir", dass auch in den allerkompliciertesten Ideenkomplexen die ersten Bestandteile Empfindungen gewesen waren, ganz schroff vertrat, gilt derselbe für Locke nur mit dem Zusatze „externo et interno". Aber den vollen Empirismus vertreten Hobbes und Locke, indem sie sagen, dass es uns unmöglich ist, über die Vorstellungen hinauszukommen, welche Sinnlichkeit (und Reflexion) unsrer Betrachtung dargeboten haben [Heinze (Überweg) III, p. 102].

Zwei Hauptarten der menschlichen Natur will Hobbes unterschieden wissen: Vernunft und Leidenschaft (reason and passion), und daraus hervorgegangen Mathematik und Dogmatik (vol. IV, engl. p. 1). Die Vernunft ist das Vermögen zu schliessen, und jenachdem wir nach richtigen Grundsätzen richtig folgern oder zu widersprechenden Folgerungen kommen, legen wir uns richtige Vernunft bei oder halten es für vernunftwidrig (Hum. nat. 5, 12; de cive 2, 1; de corp. 1, 3. Ritter X, p. 467). Die Vernunft ist ganz und gar nichts angeborenes, wie sehr man auch den Begriff des Angeborenen beschränke. Denn wenn uns angeborene Begriffe beiwohnen sollten, würden sie uns immer gegenwärtig sein (Obj. III.

in Cart. med. obj. X, p. 214). Da nun die Sprache nur etwas Erworbenes ist, kann die Vernunft, welche auf ihr beruht, auch nur etwas Erworbenes sein (obj. IV). Wenn nun trotzdem Hobbes bisweilen von der Vernunft als etwas Angeborenem spricht, und sogar die Philosophie als eine natürliche, dem Menschen angeborene Vernunft betrachtet (de corp. I, 1), so will er darunter ein von Natur uns eingepflanztes Gesetz verstanden wissen, und wenn er sagt, dass der einzelne Mensch ohne Übereinkunft der Sprache keinen Beweis durch Worte würde führen können, so gesteht er doch zu, dass derselbe fähig sein würde, die Wahrheit einzusehen und zu philosophieren (de corp. 6, 11). — Alles Schliessen und somit alle Philosophie, d. h. aller Gebrauch der Namen in der Sprache, beruht nun auf dem Satze des Widerspruchs, und es gilt dieser auch für den Grund aller Philosophie (de corp. 2, 8; hum. nat. 5, 12). Aus dieser und ebenso aus der Mathematik will Hobbes alle Axiome entfernt wissen und behauptet zugleich, dass sie aus Begriffserklärungen bewiesen werden könnten (de corp. 3, 9; exam. et em. math. hod.) Alle Begriffserklärungen sind aber nur Namen und die Namen haben wir den Dingen willkürlich beigelegt (de corp. 2, 4; hum. nat. 10, 2). Aus zwei Namen bilden wir durch ein verbindendes Glied einen Satz (a proposition), womit gesagt werden soll, dass der letztere Name derjenige desselben Dinges sei, wovon der erstere schon der Name ist. Ebenso machen wir aus zwei Namen mit Hilfe des Wortes „est" ein Urteil (vol. IV, ch. V, 8. 9. 10). Eine Reihe von Urteilen giebt uns eine Demonstration, hergeleitet aus der Definition der Namen und fortgesetzt bis zur letzten Folgerung. Die Wahrheit besteht nun in der richtigen Beziehung und Anwendung der Namen der Dinge. Ein Urteil ist wahr, wenn die zweite Benennung die erste in sich begreift, wenn nicht, falsch. Wenn nun aber irgend ein Erkenntnisinhalt in einem Urteil zu finden sein soll, so müssen die beiden Namen, aus welchen es besteht, ursprünglich nicht dieselbe Wahrnehmung bezeichnen, sondern verschiedene; und das Urteil muss behaupten, dass diese Wahrnehmungen in einer Vorstellung verbunden vorkommen. Damit das geschehe, müssen die Wahrnehmungen zuvor miteinander verglichen werden und Hobbes bezeichnet es als das hauptsächlichste Geschäft der Namen, eine solche Vergleichung in feststehenden Charakteren auszudrücken (Praefatio in Mersenni ballisticam. op. lat. V, p. 309 flg.) [Tönnies, Virteljahreschr. IV. 1880 p. 58). Es würde somit die Philosophie ein Wissen bloss von Begriffen und von den Beziehungen zwischen Begriffen sein, und die Gewissheit dieses Wissens hängt ab von einem Willensakt. Irrtum in der Wissenschaft ist nicht möglich, sondern nur Absurdität, da das Gegenteil jedes wahren Satzes einen Widerspruch enthält (de corp. 1, p. 56. Falsety arises not from sense, nor from the things themselves, but from pronouncing rashly vol. IV, ch. V, 13; 3 Objectiones; obj. XII, de vero et falso). Definitionen (de corp. I, ch. VI, p. 84) sind wahr, weil wir wollen, dass sie wahr seien, und alle principiellen Urteile müssen Definitionen oder Teile von Definitionen, d. h. lauter analytische Sätze sein. Hobbes sagt selbst: „The method of attaining to the universal knowledge of things is purely analytical" (de corp. VI, p. 69). Diese Ansicht Hobbes findet ihre Begründung darin, dass alle seit Bacon in der Philosophie erlangten Fortschritte der Analyse zu verdanken ist, welche man auf das Princip des menschlichen Wissens übertragen hat (Degerando. T. III, p. 96). Wenn nun auch nach Hobbes die Wissenschaft ihren ganzen Inhalt aus Erfahrung entnimmt, aus den gegenseitigen Eindrücken der Körper, ihre Form der allgemeinen Giltigkeit hat sie aus der Vernunft, aus dem Entschlusse des Einzelnen oder aus der vertragsmässigen Übereinkunft Mehrerer (Tönnies. IV, 1880, p. 59). Hobbes wird so unmittelbar Idealist. Die Phänomene der Intelligenz sind körperlich und repräsentieren nur Körper; aber das sind nur Erscheinungen, und sie erfordern nicht mehr Realität, als diese selbst. Trotzdem können sie die Materie der Überlegung bilden, aber da man nur in Worten sein genaues Urteil aussprechen kann, so sind diese Körper, welche nur körperliche Qualitäten, diese Qualitäten, welche nur Erscheinungen, diese Phänomene, welche nur Worte, und da diese Worte nur Zeichen sind, die Notationen unserer Definitionen, so ist jede Wissenschaft eine Wissenschaft der Abstraktion, jede Wissenschaft ist verbal und nominal (veritas in dicto non in re consistit; de corp. III, p. 31). Hobbes selbst giebt eine genaue Zusammenfassung seiner Philosophie mit den an Descartes gerichteten Worten (obj IV, p. 201): „Was würden wir sagen, wenn vielleicht das Raisonnement nichts anderes wäre, als eine Verbindung und Aneinanderreihung von Namen oder Benennungen mit Hilfe des Zeitwortes „est"? Daher käme es, dass, indem wir mit dem Verstande schliessen, wir ganz und gar nicht die Natur der Dinge, sondern nur ihre Benennungen berühren, jenachdem wir die Namen der Dinge den Verabredungen gemäss, welche wir nach unsrer Meinung über die Beziehung derselben machen, verbinden oder nicht. Wenn dem so ist, wie es ja sein kann, so wird das schliessende Denken (ratiocinatio) von den Namen abhängen, die Namen von der Vorstellung, die Vorstellung vielleicht von der Bewegung der körperlichen Organe, und so wird endlich der Geist nichts anderes sein, als eine Bewegung in gewissen Teilen des organischen Körpers." Da nun die aus der Vernunft abgeleitete Form wesentliches Merkmal der Wissenschaft ist, so kann sie von der Existenz ihres Gegenstandes völlig unabhängig werden. Und so zeigt sich (in Object. XIV. p. 221) Hobbes auch bereit, den von Descartes in anderer Meinung vorgetragenen Satz, dass auch, wenn es auf der ganzen Welt kein solches Ding, wie ein Triangel gebe, doch der Begriff oder die Essentia desselben unveränderlich und ewig bestimmt sei, mit der Einschränkung zuzugeben, dass unter Essenz nichts anderes verstanden werden dürfe, als eine Verbindung von Namen durch das Verbum „est" (wie das Bild des Menschen im Geiste zum Menschen sich verhält, so verhält sich die Essentia zur Existenz).

Die Auffassung Hobbes, in der Bewegung die Ursache der Universalien zu sehen (the cause of universal things is motion; de corp. ch. VI, p. 69) beschränkt ihn beinahe einzig und allein auf die Fähigkeit zu empfinden. Er teilt diese Art von Empirismus mit Hume und Helvetius, welche zugleich mit ihm den abstrakten Wahrheiten das Recht streitig machen, die thatsächlichen Wahrheiten fruchtbar zu machen und nicht glauben, den Kreis des wirklichen Wissens über die gegenwärtigen und unmittelbaren Eindrücke hinaus erstrecken zu können (Degerando, T. III, p. 97). Die Lehre Lockes dagegen hat grösseres Gleichgewicht zwischen den drei hauptsächlichsten intellektuellen Fähigkeiten bewahrt, indem sie zwar auch die Erfahrung zur Basis nahm, aber den Gebrauch der identischen Wahrheit zuliess, um die Beobachtungen auszudehnen und zu generalisieren. Dennoch ist in Hobbes' Lehre von der Empfindung, dass alle sogenannten sinnlichen Qualitäten als solche nicht den Dingen angehören, sondern in uns selbst entstehen, dass auch die menschliche Empfindung nichts ist, als Bewegung körperlicher Teile, veranlasst durch die äussere Bewegung der Dinge, schon der volle Sensualismus Lockes im Keime vorhanden, der in der Geschichte des Materialismus (cfr. F. A. Lange a. a. O.) als Mittelglied zwischen der strengen Systematik eines Gassendi und Hobbes und der volkstümlichen, auf die unmittelbare Wirkung berechnete Thätigkeit der französischen Encyklopädisten auftritt.

Diese Bewegung, die Ursache der Universalien, hat ihren Grund wieder in einer Bewegung, wie auch die Verschiedenheit aller der von uns mit den Sinnen wahrgenommenen Dinge in der Bewegung begründet ist. Bewegung ist nun „das beständige Verlassen eines Ortes und das Gewinnen eines anderen" (de corp. ch. VI, p. 70), anklingend an das Aristotelische: „Ein Körper bewegt sich, wenn er seinen Raum ändert" (Whewell I, p. 43). Hobbes übersieht hier offenbar, dass in diesem Verlassen und Gewinnen der Begriff der Bewegung schon enthalten ist. Der Ort wird dabei aufgefasst als der von einem Körper umschlossene oder entsprechend ausgefüllte Raum. Jenachdem wir bei der Bewegung nun die Bahnen derselben schlechthin, oder die Bahnen der uns klar zu Tage liegenden Bewegungen oder endlich die Bahnen der inneren oder unsichtbaren Bewegungen in Rücksicht ziehen, befinden wir uns im Gebiete der Geometrie, oder der Physik, oder endlich der Naturphilosophie (cfr. de corp. ch. VI, p. 73). Hobbes macht es daher für Denjenigen, der sich mit Naturphilosophie beschäftigen will, zur ersten Bedingung, der Geometrie zunächst seine Aufmerksamkeit zuzuwenden, und von da ausgehend weiter vorwärts zu schreiten; und er begegnet sich in dieser Auffassung mit Leonardo da Vinci und Galilei, den bahnbrechenden Geistern wissenschaftlicher Aufklärung jener Zeit (cfr. Dühring, Krit. Gesch. der allgem. Princ. der Mechanik; p. 39).

II. Philosophia prima.

Um die völlige Subjektivität aller unsrer Vorstellungen uns anschaulich zu machen, bedient sich Hobbes der Voraussetzung der Privation, d. h. der Vorstellung, die Welt mit Ausnahme des denkenden Menschen als aufgehoben zu betrachten (de corp. VII, p. 91). Dieser Mensch würde „Ideen" von der Welt, d. h. Erinnerung und Vorstellung von Grössen, Bewegungen, Schall, Farben u. s. w., sowie deren Ordnung und Teile behalten. Und alle diese nur innerlich auftretenden Ideen oder Phantasmen würden doch als ausserhalb der Seele existierend und von derselben unabhängig erscheinen, weil der Mensch wohl wüsste, dass die Bewegungen in ihm nicht von der Kraft seines Geistes abhingen. Diesen Dingen werden dann von seiten des Menschen Namen beigelegt, sie werden subtrahiert und addiert. Wenn der Mensch also denkt und überlegt, berechnet er immer nur seine eignen Vorstellungen (de corp. VII, p. 92), und könnte er sich daher eine Welt vorstellen, wie er wirklich gegenwärtig sich eine denkt, obgleich er niemals aus sich herausginge, sondern immer nur mit seinen Vorstellungen beschäftigt bliebe. Die äussere Welt aber würde er sich im Raum vorstellen müssen. „Raum" definiert Hobbes als die Vorstellung einer Sache, welche existiert, sofern sie existiert (de corp. VI, 6; VII, p, 94; decam. phys. ch. II), ohne dabei zu berücksichtigen, dass die Vorstellung des Raumes doch nur von der Vorstellung eines ausser uns seienden Dinges abgenommen werden sollte. Allerdings ist er nur etwas Eingebildetes, ein blosses Phantasma, aber doch ist es das, was von allen Menschen so genannt wird. Und zwar spricht man von Raum nicht mit der Vorstellung, dass derselbe schon voll ist, sondern weil er gefüllt werden kann. Hobbes hält zwar den Raum als solchen für eine subjektive Idee, aber er leitet diese Idee doch aus der Empfindung her, so dass, wenn es nie eine Empfindung des Körpers gegeben hätte, auch keine Idee vom Raume möglich wäre. Der eingebildete Raum ist ein Accidenz des Gemüts, der reale ein Accidenz des Körpers. — Auch der bewegte Körper lässt von seiner Bewegung ein Phantasma in der Seele zurück, die Zeit genannt. „Zeit ist das Bild der Bewegung (time is a phantasm of motion), die Vorstellung eines Körpers, welcher von einer Stelle zur anderen mit kontinuierlicher Succession übergeht" (de corp. VII; decam. phys. ch. II). Genauer stellt Hobbes die Zeit noch als die Vorstellung des Vorher und Nachher in der Bewegung dar und erklärt sich dabei selbst in Übereinstimmung mit dem Aristotelischen „die Zeit ist die Zahl der Bewegung mit Rücksicht auf das früher und später" (de corp. VII; Ritter III, p. 235). Er legte auch den Begriff der Zeit mehr bloss in die Vorstellung als den Begriff des Raumes, und sucht, wie Aristoteles, das Gegenständliche, was in der Zeit zur Vorstellung kommt, in dem Begriffe der Bewegung. Raum und Zeit sind also nach Hobbes zwar subjektive Vorstellungen, allein sie sind nicht a priori, sie setzen die Empfindung des Körpers und die Erfahrung von bewegten Körpern voraus. Zusammenhängend (contiguous) sind nun zwei Räume, wenn kein Raum zwischen ihnen liegt, zwei einander unmittelbar folgende Zeiten heissen „immediate", während endlich Räume und Zeiten als „kontinuierlich" aufgefasst werden, wenn sie einen Teil gemeinsam haben (de corp. VII). Bei der Frage über die Messbarkeit von Zeit und Raum unterscheidet Hobbes messbares (finite in power) von unmessbarem (infinite in power), will dabei jedoch festgehalten wissen, dass die Anzahl der Stunden oder Fuss immer begrenzt sein wird, for every number is finite. Diese Auffassung über Endlichkeit und Unendlichkeit fällt mit der des Aristoteles zusammen, demzufolge „Unendliches" das ist, ausser welchem immer noch etwas Weiteres genommen werden könne. Aristoteles sieht also im Unendlichen nur das Unbestimmte. Dasselbe drückt auch Hobbes aus, wenn er sagt, dass man etwas Unendliches nicht ein Ganzes noch ein Einziges nennen kann (de corp. p. 99, 100), und dass bei dem Worte „unendlich" in uns nur die Vorstellung unsrer eignen Beschränkung und Grenzen entsteht (object. p. 212). Der Frage nach der Unendlichkeit oder Endlichkeit der Welt begegnet Hobbes, der sensualistischen oder empiristischen Seite seiner Erkenntnistheorie gemäss mit dem Einwande, dass dem Worte „Welt" in unsrer Seele nichts entspricht, weil alle unsere Vorstellungen endlich und bestimmt sind; man könne nur fragen, ob Gott wirklich eine solche Anhäufung von Körper zu Körper gemacht, wie wir sie uns von Raum zu Raum machen können (de corp. p. 100). Es schwebt ihm hier jedenfalls wieder die Aristotelische Ansicht vor, derzufolge „die Welt als ein im Raume wahrnehmbares Körperliches" eine bestimmte oder begrenzte Grösse haben müsse, und ein Räumliches oder Körperliches nicht gedacht werden kann ohne eine bestimmte Begrenzung (Ritter III, p. 224).

Wenn Hobbes „Raum und Zeit" als unendlich teilbar hinstellt, und zwar insofern, als das, was geteilt wird, wieder zerlegbare Teile giebt, und sagt, „no quantity is so small, but a less may be taken", so erneuert er ebenfalls die peripatetische Lehre darüber, derzufolge das Unendliche nicht in der wirklichen Teilung, sondern nur in der Teilbarkeit, nur dem Vermögen nach besteht, und zwar einem Vermögen nach, welches nie zur Wirklichkeit werden wird. Er begegnet sich hier mit Descartes, welcher ebenfalls die ausgedehnte Materie als ins unendliche teilbar hinstellt, und befindet sich mit diesem im Gegensatz zu Gassendi, denn aus der unendlichen Teilbarkeit des Raumes folgt unmittelbar, dass es keine unteilbaren materiellen Teile, keine Atome geben könne.

Aus allem diesen zieht Hobbes nun die Folgerung, dass die allgemeinsten Arten der Phänomene Grösse und Bewegung sind, und zwar die von der Geometrie untersuchte räumliche Grösse (exam. et emend. math. hod. p. 24). Es scheint ihm hierdurch seine materialistische Ansicht gerechtfertigt, dass wir alle Erscheinungen als Erscheinungen, welche an Körpern vorkommen, zu denken haben (de corp. 1, 4). Einen „Körper" definiert er als dasjenige, was unabhängig von unserm Denken mit irgend einem Teile des Raumes zusammenfällt oder gleichzeitig existiert (de corp. ch. VIII, p. 102; decam. phys. ch. 1, p. 81). Die Art und Weise, nach welcher ein Körper aufgefasst wird, oder die Fähigkeit des Körpers, vermöge welcher er in uns eine Vorstellung von sich hervorruft, ist das „Accidenz" (an accident is the manner by which any body is conceived; — is that faculty of any body, by which it works in us a conception of itself. de corp. VIII, p. 103). Es ist somit auch jede Ursache, d. h. jede Bewegung, als Accidenz eines Körpers zu betrachten (de corp. ch. VIII, 2; IX, 3), und das Accidenz selbst ist nichts Wirkliches, Objektives, wie der Körper, sondern nur die Art, wie der Körper aufgefasst wird. Das Accidenz ist in einem Körper, erklärt Hobbes sich eng anschliessend an die Aristotelische (negative) Erklärung: „An accident is in its subject, not as any part thereof, but so as that it may be away the subject still remaining". Indem er so die Accidenzen den Körpern gegenüberstellt und als Wirkungsarten der Körper definiert, vermeidet er die Unterscheidung zwischen primären und sekundären Qualitäten, begreift vielmehr unter den irrealen Accidenzen auch Ausdehnung (de corp. ch. VIII, p. 105), Beweglichkeit und Undurchdringlichkeit, und Raum und Zeit sind bloss die abstraktesten Vorstellungen, welche als Erinnerungen auch bleiben würden, wenn alle Vorstellungen von Dingen, von seienden und von bewegten verschwunden wären (Tönnies IV, 1880, p. 72, 73). Sonach würde also von einer Wirklichkeit ausserhalb der Vorstellungen nichts als der leere Begriff eines Körpers oder einer Substanz bleiben (de corp. ch. VIII. Dec. phys. ch. I, VII, p. 81), der allerdings als solcher als bloss ausgedehnt, nur für das Denken zu gebrauchen ist. Er unterscheidet den „Ort" (place) als Vorstellung eines Körpers von bestimmten Eigenschaften innerhalb der Seele als „scheinbare Ausdehnung", und die „Grösse" (magnitude) als besonderes Accidenz jedes Körpers, als wirkliche Ausdehnung, und kommt auch hier wieder zu dem Schluss, dass nur Namen und Zeichen allgemein sind (Nothing is general or universal besides names or signs; de corp. p. 106). Aus der Auffassung, dass ein Körper, die Grösse desselben und seine Stelle im Raum (place = idea of extension) durch ein und dieselbe Geistesoperation geteilt wird, leitet er die Eigenschaft der Undurchdringlichkeit ab. Weil nun ein Körper nicht ganz und auf einmal aus seiner frühern Lage in eine andere übergehen kann, deshalb ist die Bewegung kontinuierlich; sie stellt nur ein kontinuierliches Verlassen eines Ortes und Erwerben eines anderen in der Zeit dar (de corp. p. 109). Ruhe und Bewegung eines Körpers stehen sich somit gegenüber wie das Beharren an einem Orte und Ortsveränderung. Diese Voraussetzungen ergeben die seiner ganzen Naturlehre zu Grunde liegenden Folgerungen: 1. Dass das, was sich bewegt, bewegt worden ist; 2. dass das, was sich bewegt, sich noch ferner bewegen wird; 3. dass das, was sich bewegt, sich auch nicht für einen Augenblick an einem und demselben Orte befindet (de corp. p. 110). Denn ein Körper, welcher einmal ruht, muss immer in Ruhe verharren, wenn nicht ein anderer vorhanden ist, der die Ruhe jenes aufhebt; umgekehrt wird ein bewegter Körper nicht aufhören, sich zu bewegen, wenn ihn ein anderer nicht aufhält (Trägheitsgesetz).

Indem man nun bei der Bewegung eines Körpers von seiner Grösse abstrahiert, kann man den zurückgelegten Weg, den durchlaufenen Raum, den Körper selbst als Punkt, und die durch Bewegung eines ausgedehnten Körpers (a body which is considered as long) erzeugten Oberflächen und Körper betrachten. Da die Punkte eines Körpers (solid) nicht alle verschiedene Linien beschreiben können, weil der Weg des folgenden Teils mit dem des vorhergehenden zusammenfällt, so dass nur der frühere Körper wieder entstehen würde, kann es in einem Körper nur drei Dimensionen geben (de corp. ch. VIII). Betrachten wir die Bewegung eines Körpers mit Rücksicht auf die zurückgelegte Strecke, so kommen wir zu dem Begriffe der Geschwindigkeit (velocity or swiftness is the motion according to length), und je nachdem in gleichen Zeiten gleiche Wegstrecken zurückgelegt werden oder nicht, erhält man gleichförmige und ungleichförmige Geschwindigkeiten. Berechnet man die Geschwindigkeit der Bewegung für jeden Teil ihrer Grösse, so ergiebt sich die Grösse der Bewegung, die Kraft derselben. Wenn nun Hobbes behauptet, dass alle anderen Accidenzen ausser Grösse oder Ausdehnung entstehen und vergehen können, so giebt er sich selbst schon die Richtung an, welche er bei der Definition der Materie einschlagen muss. Zwischen Körper und Accidenz besteht der Unterschied, dass die Körper Dinge sind und als solche nicht entstanden (not generated), die Accidenzen dagegen entstanden sind. Ob wir nun einen neuen Körper als Objekt unsrer Wahrnehmung wahrnehmen, oder nur dem früher angenommenen Körper neue Eigenschaften beilegen, das hängt von der sprachlichen Feststellung der Begriffe ab, und somit ist der Unterschied zwischen Körper und Accidenz nur ein relativer, von unsrer Auffassung abhängiger. Wir setzen in jedem Satze unter dem einen Namen eine konkrete Sache und legen ihr unter dem andern Namen ihr Accidenz bei; dieses kommt und geht im Wechsel der Bewegung, während der Körper ohne Veränderung bleibt und nicht vergehen kann (de corp. III, 3). Jenachdem ein Accidenz vergeht und ein anderes entsteht, erscheint der Gegenstand anders. Das Accidenz, dessentwegen wir einem Dinge einen gewissen Namen beilegen, heisst sein Wesen, seine Art (essence), und das Wesen, sofern es entstanden ist, wird Form genannt (de corp. ch. VIII, p. 117). Rücksichtlich des Accidenz ist der Körper „Subjekt", rücksichtlich der Form „Materie". Und es sind die Prädikate, welche wir den Subjekten beilegen, als die Ursachen anzusehen, welche die Bewegung hervorbringen (de corpore 3, 3). Die Variation der Accidenzen verändert den Körper, die Formveränderung lässt ihn entstehen und vergehen. Bei allem Vergehen und Entstehen aber bleibt der Name der Materie (matter) unverändert. Von der Substanz der Dinge haben wir keinen Begriff, die erste Materie, an welcher alles haften soll, ist uns unbekannt, und wenn wir auch das Dasein der Substanz erschliessen können, so haben wir doch keine Vorstellung von ihr (Obj. im Cart. med. p. 264). Diese allen Dingen gemeinsame Materie (materia prima) ist weder einer von den Körpern, noch ein ganz besonderer Körper ausser allen anderen, und daher folgt schon, dass sie in der That nichts ist, als ein blosser Name, welcher die Auffassung eines Körpers nur mit Rücksicht auf die Grösse oder Ausdehnung desselben und die Fähigkeit, Form und Accidenzen an- und aufzunehmen, bezeichnet (de corp. ch. VIII, p. 119): Materia prima is body in general, that is, body considered universally, not as having neither form nor any accident, but in which no form nor any other accident but quantity are at all considered, that is, they are not drawn into argumentation. Bei der Hobbes'schen Definition ist die Aristotelische Auffassung der Materie als das Bleibende und dem Werden zu Grunde Liegende offenbar als Ausgangspunkt benutzt (Ritter III, p. 128, 129), aber Hobbes, der das Mögliche oder Zufällige als nicht in den Dingen selbst, sondern nur in unsrer Auffassung der Dinge begründet erkennt (de corp. cap. II, 1), demzufolge im Zusammenhange der Erscheinungen keine Thätigkeit entsteht, zu welcher nicht die ganze Kette der Bewegungen oder die ganze Natur mitwirkte (of lib. and. nec. p. 481), somit Alles in der Natur auch notwendig ist, und wir nur beziehungsweise von etwas Zufälligem sprechen können (de corp. 10, 5), vermeidet den Fehler des Aristotelischen Systems, indem er das Accidenz als Zufälligkeit im Objekte durch die zufällige, subjektive Auffasung ersetzt. Diese Ansicht über das Zufällige der Erscheinungen findet man auch in dem essai philosophique sur les probabilités von Laplace ausgesprochen, wo derselbe sagt: „Alle Ereignisse, selbst die ganz zufällig und von den grossen Gesetzen der Natur völlig unabhängig scheinenden, sind doch ohne Zweifel eine ebenso notwendige Folge derselben ewigen Gesetze, als es die Bewegung der Sonne und aller Körper des Himmels nur immer sein kann, und nur unsre Unkenntnis des Zusammenhangs dieser Erscheinungen lässt sie uns von dem blinden Zufall abhängig machen. Jedes gegenwärtige Ereignis muss mit einem ihm vorhergegangenen in irgend einer Verbindung sein, da nichts bestehen kann, ohne einen Grund seines Bestehens zu haben. Selbst unsre scheinbar gleichgiltigsten Handlungen unterliegen einem Gesetze, und der allerfreieste Wille wird, wenn gar kein Motiv ihn bestimmt, auch keine Handlung hervorbringen können" (W. Whewell II, p. 500; Hobbes vol. IV, p. 229 flg.; of liberty and nec. VI, p. 274; object. (1642) p. 192, object. prima). Die Materie als das, „was an sich nichts Bestimmtes ist und Alles werden kann", wird von Hobbes als der allgemein gefasste Körper, eine Abstraktion des denkenden Subjekts hingestellt. Nicht die Materie beharrt und bleibt bei aller Veränderung beständig, sondern der Körper, der nur seine Accidenzen wechselt und uns so in verschiedener Weise erscheint (de corp. VIII). Diese Auffassung der Materie bei Hobbes hat als fernern Grund den, dass er bei seiner Naturphilosophie nur die mathematische Anschauung zu Grunde legt, dass bei ihm die Mathematik die Bedeutung eines Produktiven hat, und er aus ihr allein die Natur erzeugt (de corp. VI, 6). Demzufolge ist bei ihm der Körper notwendig das einzige Reale, Substanzielle und Wirkliche der Natur als Körper lediglich, allein in und mit der Bestimmung der Quantität oder Grösse, als das einzige wesentliche Prädikat, welches das „Sein" und „Vorgestelltwerden" des Körpers bedingt. Das diesen verschiedenen Ansichten zu Grunde liegende Reale ist die Bewegung der Teile des Körpers. Hobbes scheint sonach in seinen Werken, indem er alles Sein und Werden auf Bewegung zurückführt, das anstreben zu wollen, was als die grösste Förderderung der Naturwissenschaft zu betrachten ist und wovon Alexander von Humboldt (Kosmos 1, p. 106) sagt: „Wenn wir aus einer kleinen Anzahl von Kausalgesetzen durch ihre vereinten oder successiven Wirkungen die Erscheinungen der Natur deduktiv abzuleiten vermöchten, so wäre damit der grösste Fortschritt in der Erkenntnis der Natur erreicht." Hobbes kam infolge einer über den Sinn aufgeworfenen Frage zu dieser Ansicht, dass die Ursache aller Dinge in der Verschiedenheit der Bewegungen gesucht werden müsse, und durch seinen Verkehr mit P. Mersenne befestigte sich dieses Princip um so mehr, als Descartes in seinem System alle Erscheinungen in der Natur nach mechanischen Gesetzen vor sich gehen liess (cfr. Charles de Rémusat, hist. de la phil. angl. 1, p. 330). Es ist also nach Hobbes jedes Accidenz nur die Weise eines Körpers und jede Ursache, d. h. jede Bewegung nur als Accidenz eines Körpers zu betrachten (de corp. 8, 2; 9, 3). Indem er nun die bewegenden Substanzen den Bewegungen, welche wir in uns empfinden, unterschiebt, indem er beständig darauf zurückkommt, dass Empfindung und Denken nur Veränderungen des Körpers sind, und die Vorstellung des Raumes, welche nur in unsrer Einbildung sich findet, auf den Gedanken der äusseren Dinge und alsdann auch auf unsern Geist überträgt, gelangte er zu seinem Materialismus, zu seiner Lehre, dass alles körperlich sei, was wir in uns oder ausser uns erkennen können (Ritter III, p. 492). Er ist ganz abstrakter Materialist, d. h. der Begriff, den seine Philosophie beherrscht, ist der Begriff der blossen Materie, des blossen oder mathematischen Körpers. Dieser reine Körper in seiner Abstraktion ist aber die Negativität und Idealität aller sinnlichen Accidenzen, d. i. aller Qualität, der reine Körper ist nur die ganz abstrakte Quantität (Ludwig Feuerbach, Geschichte der neueren Philosophie, p. 107). Die Wirkung der Körper auf einander, die Aufhebung der Gleichgiltigkeit und Getrenntheit der Körper, wodurch Verbindung und Zusammenhang, und damit erst Leben und Bestimmung entsteht, stellt sich dar als das Zerstören vorhandener und Hervorrufen neuer Accidenzen, und kann nur die mechanische, in Druck, Stoss und Zug sich äussernde Bewegung sein (de corp. VI, 5: Causa enim omnium universalis una est motus). Unter einer Ursache ist das Zusammenkommen aller Accidenzen zu verstehen, welche sowohl im thätigen als im leidenden Körper auftreten, deren gleichzeitiges Vorhandensein in demselben Augenblick die bezweckte Wirkung hervorruft (de corpore 6, 10; 9). Hobbes unterscheidet zwischen efficient cause und material cause, die erstere als Aggregat der zur Erzeugung der Wirkung im Agens vorhandenen Accidenzen, die letztere als Aggregat der Accidenzen im Patiens, beide zusammen machen die vollständige Ursache aus. In dem Augenblick, in welchem die Ursache eine vollständige geworden ist, ist auch die Wirkung vorhanden (de corp. p. 123), so dass sich bei jeder Handlung Anfang und Ursache als ein und dasselbe betrachten lässt. Wenn nun Hobbes im Ferneren sagt, dáss die Ursache einer Bewegung nur in einem Körper liegen könne, welcher sich bewegt und einen andern berührt (de corp. ch. IX), so vertritt er mit seiner Auffassung zugleich die Meinung, welche in der Descartes'schen kosmischen Wirbeltheorie mit eingeschlossen war, dass jede Bewegung zunächst immer durch etwas, was selbst bewegt ist, nicht aber durch verborgene Ursachen zu erklären sei. Zugleich spricht er damit das Grundprincip seiner naturphilosophischen Ansichten aus, demzufolge alle Erscheinungen in der Natur ihren Grund in Bewegung haben, welche sich schliesslich vermittelst der einander berührenden Körper auf die Organe unsres Körpers überträgt, der sie in modificierter Gestalt als Sinnesempfindungen wahrnimmt. Da aber jede Bewegung bei dieser Voraussetzung nur eine andere Bewegung zum Grunde hat, diese wieder eine andere u. s. w., da das Princip und der Anfang der Bewegung nicht in der Natur als blosser Körper liegen kann, so ist die Bewegung nur von dem denkenden Subjekte, das sie als eine Thatsache aus der Erfahrung aufgenommen hat, in die Natur hineingetragen, sie ist ihr nicht immanent (Dec. phys. ch. IV, p. 105; ch. X p. 176).

Bewegung ist Folge einer Kraft, und wie der Ursache eine Wirkung entspricht, so ruft die Kraft eine Handlung (act) hervor. Die Unterscheidung in Kraft und Handlung, anklingend an die Antithese des Aristoteles von Kraft und Wirkung ($\delta \acute{v} \nu \alpha \mu \iota \varsigma$ $\varkappa \alpha \grave{\iota}$ $\acute{\varepsilon} \nu \acute{\varepsilon} \varrho \gamma \varepsilon \iota \alpha$), rührt dabei her von den verschiedenen Gesichtspunkten, von denen aus man Beides betrachtet (the power of the agent and the efficient cause are the same thing, de corp. X, p. 127). Man spricht von Ursache (cause) mit Rücksicht auf die schon erzeugte, und von Kraft (power), mit Rücksicht auf die spätere Wirkung; in gleicher Weise entsprechen einander passive power und material cause; und das erzeugte Accidenz wird mit Rücksicht auf die Ursache als Effekt, mit Rücksicht auf die Kraft als Handlung (act) bezeichnet. Wie nun Ursache und Wirkung in demselben Augenblick eintreten, so wird auch jede Handlung in demselben Augenblick vor sich gehen, in welchem die Kraft vollständig genügend ist. Wir nennen die Handlungen „möglich" und „unmöglich", jenachdem eine vollständige Kraft zur Hervorbringung derselben vorhanden ist oder nicht, während eine nicht zu verhindernde Handlung „notwendig" heisst (de corp. X). Subjekt der Philosophie ist der Körper, welcher einer Veränderung unterworfen ist. Wenn von dem einen Körper gleichzeitig dasselbe, wie von dem andern ausgesagt werden kann oder nicht, sind die Körper gleich oder verschieden, und zwar ist diese Relation der Ähnlichkeit oder Unähnlichkeit, Gleichheit und Ungleichheit, kein neues Accidenz, sondern war in dem Verglichenen vor der Vergleichung schon enthalten, so dass die Ursachen der in den aufeinander bezogenen Körpern auftretenden Accidenzen gleichzeitig die Ursachen der Ähnlichkeit und Unähnlichkeit, der Gleichheit und Ungleichheit sind.

Hobbes unterscheidet drei Dimensionen, Länge oder Linie, Oberfläche und den Körper, und nennt jede derselben eine Grösse (quantity). Einmal lassen sich diese Grössen durch die Darstellung bestimmen (exposed quantity), ausserdem durch das Gedächtnis, d. h. durch Vergleichung mit einer dargestellten Grösse. Linien, Oberflächen und Körper lassen eine Darstellung zu durch Bewegungen, durch Hinzufügen und durch Schnitte (Kegelschnitte), sie werden „kontinuierlich" genannt, während die Zahlen durch Zahlworte oder von einander verschiedene Punkte repräsentiert und daher als diskrete Grössen aufgefasst werden. Die Geschwindigkeit misst Hobbes mit Hilfe der gleichförmigen Bewegung und fordert dabei sowohl die Darstellung der verwandten Zeit, als auch der in dieser Zeit zurückgelegten Strecken. Und das Verhältnis zweier Zeiten oder zweier gleichförmiger Geschwindigkeiten ist dann bekannt (exposed), wenn zwei Strecken bestimmt sind, auf denen man zwei Körper sich gleichförmig bewegen lässt, so dass dieselben beiden Strecken einmal ihr Verhältnis angeben, dann aber auch dasjenige zweier Geschwindigkeiten und das zweier Zeiten (de corp. ch. XIII, p. 144). Da nun „gross und klein" nur Sinn haben als Vergleichung, und eine Grösse nur grösser, gleich oder kleiner sein kann als eine andere mit ihr verglichene, unterscheidet Hobbes dreierlei Verhältnisse: Proportion of excess, of equality and of defect, und versteht unter Analogismus den Fall, wo vier Grössen eine geometrische Proportion bilden. Er spricht sogar von einem Hyperlogismus (wenn das Verhältnis des ersten Vorangehenden zum ersten Nachfolgenden grösser ist als das Verhältnis des zweiten Vorangehenden zum zweiten Nachfolgenden; ch. XIII, p. 147) und von einem Hypologismus (wenn die Sache gerade umgekehrt liegt) und nennt zwei geometrische Proportionen gleich, wenn die nämliche Ursache, welche gleiche Wirkungen in gleichen Zeiten hervorbringt, beide Proportionen bestimmt. Zum Beweis dafür benutzt er den Satz: Velocity is motion considered as determined by a certain length or line, in a certain time transmitted by it.

Wenn sich Hobbes im Ferneren nicht klar ist über die Basis der Logarithmen (de corp. p. 175), die er daraus herleiten zu können glaubt, dass man eine vorgelegte Grösse in unzählig viele Teile zerlege, so dass die Differenz zwischen ihren arithmetischen und geometrischen Mitteln unendlich klein (none at all) ist, muss man das darauf zurückführen, dass es nicht gar zu leicht aus Neper's Vortrag (gest. 1618) einzusehen war, worauf seine Logarithmen beruhen, so dass sich noch 1621 sonst geschickte Mathematiker abhalten liessen, sich derselben zu bedienen, wie Kepler in seiner Vorrede zu seiner Chilias logarithmorum erzählt (Kästner, Geschichte der Mathematik, vol. 1, p. 569). Nepers Untersuchungen erschienen erst 1641 unter dem Titel: Logarithmorum canonis descriptio, seu arithmeticarum supputationen mirabilis abbreviatio etc., und zwar repräsentieren die Neper'schen Logarithmen die Radien der gleichseitigen Hyperbel zwischen den Asymptoten (wenn man das eingeschriebene Viereck gleich eins setzt. cfr. Montucla, vol. II, p. 14 flg.). Ob Hobbes die Briggsschen Logarithmen gekannt hat, darüber findet sich kein Anhalt in seinen Werken. Bei den ferneren Definitionen gerader und krummer Linien, wobei der Kreis als krumme Linie mit gleichförmigem Umfang von den gekrümmten Linien (de corp. ch. XIV, p. 180 flg.) unterschieden wird, führt er diejenige der Berührung in folgender Weise an: Zwei Linien berühren einander, wenn sie von einem und demselben Punkte ausgehend einander nicht schneiden, soweit man sie auch in derselben Weise, in der sie entstanden sind, verlängere. Charakteristisch für Hobbes ist noch, dass er die auch von Newton vertretenen, von Wallis und anderen bestrittenen Kontingenzwinkel (Montucla, III, p. 575) in seinen Schriften aufgenommen hat, wenngleich die Anwendung derselben in seinen Abhandlungen einer Verbreitung derselben nicht günstig gewesen ist (de corp. XIV, p. 184 flg.).

III. Die Lehre von der Natur und den verschiedenen Arten der Bewegung in der Körperwelt.

Hobbes fasst die Geometrie selbst als eine Wissenschaft von Bewegungen auf, in der Ursache und Wirkung nach dem Früher und Später unterschieden werden können, somit als aus Definitionen demonstrierbar. Es hatten sich also in seinen Gedanken die Begriffe von Geometrie und Mechanik unlöslich miteinander verschlungen, und er nennt den dritten Teil von de corpore, worin er zu einer abstrakten Darstellung der mechanischen, hauptsächlich der dynamischen Gesetze übergeht „Geometrie". Gleich im Beginn dieses Teiles (de corp. XV, p. 204) spricht er die Absicht aus, im folgenden nur neues darzulegen, was auf die Naturphilosophie hinführe. Wenn er nun sagt, dass der bewegte (oder ruhende) Körper in seiner Bewegung (in Ruhe) verharrt, bis ein anderer Körper ihn daran hindert (bewegt), und wenn nach ihm das Aufhören der treibenden Kraft (movens) nicht zugleich die Bewegung des getriebenen Körpers aufhebt (de corp. XV, p. 213), so vermeidet er damit jene Schwierigkeit, die sich der Befreiung von der Aristotelischen Auffassung von natürlicher und gewaltsamer Bewegung entgegenstellte (cfr. Whewell 1, p. 431, 432; 2, p. 18), und nahm teil an dem Fortschritt der Wissenschaft, wie er von Galilei angebahnt und in seinen Discorsi 1638 über diesen Gegenstand bekannt gegeben wurde (Whewell II, p. 23, 24). Unter „Endeavour" versteht nun Hobbes eine Bewegung in einem Raume oder einer Zeit, welche kleiner ist, als dass sie durch Zahl oder Erklärung bestimmt werden könne, so dass diese Bewegung durch die Ausdehnung eines Punktes hin in einem Augenblicke (point of time) stattfinde (de corp. XV, p. 206). Dieser Begriff des Endeavour begegnet sich mit dem von Galilei herrührenden Princip der virtuellen Geschwindigkeit, demzufolge unter „virtuellen Geschwindigkeiten" die unendlich kleinen Räume verstanden werden, welche bei einem System von Punkten jeder dieser Punkte im Falle, dass das Gleichgewicht gestört werden sollte, im ersten Augenblick dieser Störung und zwar nach der Richtung jeder der störenden Kräfte genommen beschreiben würde (Whewell 2, 48). Will Hobbes seine Definition aufrecht erhalten, so darf er, wie es auch geschieht, unter einem Punkte nicht das verstehen, was an sich keine Grösse habe oder durch kein Mittel teilbar sei, denn er vertritt die bis ins Unendliche gehende Teilbarkeit der Körper; er will also den Punkt nicht als ein unteilbares (indivisible), sondern ebenso wie den Zeitmoment (instant) nur als ein ungeteiltes (individed) betrachtet wissen. Es folgte das schon aus seiner Annahme, dass jede Wissenschaft den Körper zu ihrem Gegenstande hat (de corp. 1, 8), und dass sonach der Punkt, ebenso wie die Linie und die Fläche, Körper sein müsse (exam. et em. math. hod. p. 33; punctum est divisibile quidem, sed cujus pars nulla in demonstratione consideranda est, vol. IV, de princ. et rat. geom. c. 1, p. 392). Allerdings lassen sich weder die Zeit noch der Weg, in welcher das Endeavour stattfindet, mit der Grösse der ganzen Zeit oder des ganzen Weges vergleichen, wohl aber kann das mit den Endeavours untereineinander geschehen, wie ein Punkt mit dem anderen verglichen werden kann (de corp. XV, p. 206). Diese Auffassung des Punktes als eines Körpers von unendlich kleinen Dimensionen können wir als ein Eintreten in die Bestrebungen der damaligen Zeit bezüglich der Ausbildung der Differentialrechnung betrachten, denn so lässt es sich nur erklären, wenn Hobbes unter anderem von den „vertikalen Punkten" zweier Winkel spricht und dieselben als in demselben Verhältnis wie die Winkel gleich oder ungleich bezeichnet.

Wie sich aber schon aus der Einführung des „Endeavour" auf Bekanntschaft mit den Schriften Galilei's schliessen lässt und es wahrscheinlich ist, dass es die 1634 in französische Sprache von Mersenne übersetzte und veröffentlichte „Mechanik Galilei's" war, woraus Hobbes die mathematisch-mechanische Lehre Galilei's kennen lernte, so tritt das noch mehr zu Tage darin, dass Hobbes auch den Lieblingsausdruck des Galilei, „Impetus", für eine augenblickliche Kraftwirkung in analogem Sinne wie dieser einführt. Dieser „Andrang" (impetus) ist bei Galilei völlig gleichbedeutend mit Moment, und es liegt schon in dem Begriffe des Moments bei Galilei, die Doppeldefinition der Kraft als Bestreben zur Bewegung und als Ursache der Bewegung. „Impetus" oder „quickness of motion" definiert Hobbes als die Geschwindigkeit des bewegten Körpers in den einzelnen Momenten der Zeit, während welcher er sich bewegt, und es ist auch hier, wie bei Galilei, jedenfalls die Empfindungsvorstellung von dem Andrange, den ein schwerer, bewegter Körper gegen einen Widerstand ausüben würde, für die Entstehung des Begriffs massgebend gewesen. Es stellt also der Impetus nur die Grösse und Schnelligkeit des Endeavour dar. Mit Rücksicht auf die ganze Zeit dagegen versteht Hobbes unter Impetus die ganze Geschwindigkeit des Bewegten während derselben und bezeichnet denselben als das Produkt einer Strecke, welche die Zeit, und einer Strecke, welche das arithmetische Mittel der Impetus oder Geschwindigkeiten repräsentiert. Die Grösse des Impetus während gewisser Zeiten wird sich auch in der verschiedenen Länge des zurückgelegten Weges darstellen lassen (de corp. p. 207), und jenachdem das Streben (endeavur) eines bewegten Körpers demjenigen eines anderen bewegten Körpers ganz oder teilweise entgegengesetzt ist, oder jenachdem das Streben des einen Körpers darauf ausgeht, die Teile eines andern Körpers aus ihrer Lage zu verdrängen, spricht man von Widerstand und Druck. Wenn weiter Hobbes unter „force" den Impetus oder die Schnelligkeit der Bewegung multipliciert mit sich selbst oder mit der Grösse des bewegten Körpers, oder diejenige Kraft versteht, durch welche der bewegte Körper mehr oder weniger auf den widerstehenden Körper einwirkt, so scheint er hier lebendige Kraft und Bewegungsquantität nicht streng auseinander zu halten (cfr. Fischer, Geschichte der Physik, vol. II, p. 319). Nehmen die Teile eines Körpers auf Grund der inneren Konstitution desselben ihre ursprüngliche Lage nach Aufhebung des Druckes wieder ein, so haben wir es mit einem elastischen Körper zu thun. Richtig sind Hobbes' Auffassungen bezüglich der Wirkung des Impetus, dass nämlich auch der geringste Impetus eine Wirkung hervorbringen muss, weil sonst aus der Summe dieser Impetus keine Summe resultieren kann (de corp. p. 212,1,2), dass das Aufheben der Bewegung im treibenden Körper nicht auch ein Aufheben derselben im bewegten hervorruft (de corp. XXII,14), somit das Aufhören der Bewegung nicht entgegengesetzte Bewegung ist (cfr. Descartes Ansicht darüber). Die Bewegungen selbst lassen sich von verschiedenen Gesichtspunkten betrachten, bezüglich der Gestalt der Bahn, der Verschiedenheit in der Regulierung (uniform, multiform), der Zahl der sich bewegenden Körper, der relativen Lage der Bahn (senkrecht, geneigt, parallel), der gegenseitigen Stellung der Körper zueinander (als Stoss und Zug), wobei der Stoss die Unterscheidung in trusion (bei gleichzeitigem Beginnen der Bewegung des bewegenden und bewegten Körpers) und vection (wenn der bewegende Körper sich zuerst bewegt) zulässt, endlich nach der „Wirkung" des movens auf das patiens. Und zwar nennt Hobbes diese Wirkung „Moment" (moment is the excess of motion, which the movent has above the motion or endeavour of the resisting body, de corp. p. 214; u. ch. XXIII, 4, p. 351), will also wie Galilei unter Moment sowohl die Fähigkeit als die thatsächliche Wirkung verstanden wissen (Dühring, Principien der Mechanik p. 26), und es ist auch bei ihm das Moment die Wirkung, mit welcher die Bewegung vor sich geht (Whewell 2, p. 59). Bei der Bewegung ist weiter noch eine Berücksichtigung der Verschiedenheit in den Medien und der Zusammensetzung des bewegten Körpers notwendig. Jedes Endeavour schlägt die Richtung ein, welche der bewegende Körper vorschreibt, oder beim Vorhandensein mehrerer, die Richtung der aus ihrem Zusammenwirken resultierenden Kraft. Wird von zwei einen Körper bewegenden Kräften die eine aufgehoben, so folgt der Körper nur noch der anderen und so wird z. B., wenn bei der Bewegung eines Körpers auf einem Kreise die in der Richtung des Radius wirkende Kraft wegfällt, der Körper in der Tangente fortfliegen (de corp. XV, 6). Man kann das als eine Ahnung jenes von Huyghens ausgesprochenen und später immer mehr betonten Axioms ansehen, dass sich in einer Kombination von Bewegungsursachen die einzelnen Elemente an ihrem Teile so zur Geltung bringen, als wenn die übrigen Bestandteile gar nicht vorhanden wären (cfr. Dühring, Kritische Gesch. der allgem. Princip. der Mech. p. 141). Jedes Endeavour pflanzt sich nun nach Hobbes auf unendliche Entfernung fort, denn es ist Bewegung, und diese erzeugt wieder Bewegung und so in infinitum, die Bewegung kann nicht aufhören, nicht verloren gehen, sie wird im Augenblick (in any instant to any distance) auf jede nur mögliche Entfernung hin fortgepflanzt.

Wir werden dieser Auffassung wieder bei der Lichtbewegung, beim Schall, den Gefühlsempfindungen begegnen. Hobbes fasste seine Meinung darüber in die Worte zusammen: „All endeavour whether it be in empty or in full space, proceeds not only to any distance, how great soever, but also in any time, how little soever, that is, in an instant" (de corp. XV, 7; p. 217), auch wird das Endeavour während seiner Fortpflanzung nicht schwächer.

Dass die Geschwindigkeit nicht durch die Angabe einer blossen Raumdurchmessung ersetzt werden kann, weil man sonst das Einfache mit dem Zusammengesetzten vertauschen, die blosse Erscheinungsform der veränderlichen Zustände des Körpers mit dem Bleibenden und der Hauptsache verwechseln würde (Dühring, Kr. Gesch. der Princip. der Mech. p. 30), erkannte auch Hobbes, indem er die Grösse der Geschwindigkeit eines Körpers innerhalb einer beliebigen Zeit aus der Summe aller Geschwindigkeiten oder Impetus während der einzelnen Zeitmomente (points of time) der Bewegung des Körpers herleitete (de corp. XVI, 1, p. 218), und so den Weg Galilei's einschlug, welchem jede Geschwindigkeit, mit welcher sich eine Masse bewegt, als aus der Summation elementarer Geschwindigkeiten entstanden gilt. Unter „velocity" versteht nun Hobbes die Kraft, vermöge deren ein Körper während einer bestimmten Zeit einen bestimmten Weg zurücklegt. Er macht den Versuch, die Bewegungserscheinungen phoronomisch (cfr. Dühring, p. 4, 1) darzustellen, indem er, unter der Voraussetzung des gleichbleibenden Impetus, die diesen Impetus darstellende Strecke als Zeitmass benutzt, während er auf einer zu dieser Linie geneigten Geraden den zurückgelegten Weg des Körpers abträgt und das daraus gebildete Parallelogramm als Repräsentation der Geschwindigkeit der ganzen Bewegung hinstellt. Wächst dagegen die Bewegung aus der Ruhe beginnend gleichförmig in ihrer Geschwindigkeit, so will er die ganze „velocity" der Bewegung durch ein Dreieck dargestellt wissen, dessen eine Seite die ganze verflossene Zeit, die andere der in dieser ganzen Zeit erreichte grösste Impetus ist, oder entsprechend durch ein Parallelogramm, dessen eine Seite die ganze Zeit, die andere der halbe grösste Impetus ist, oder schliesslich durch ein Parallelogramm, dessen eine Seite die mittlere Proportionale aus der ganzen Zeit und der Hälfte derselben, und die andere die Hälfte des grösseren Impetus ist (de corp. XVI, 1, coroll. p. 218). Diesen Annahmen analog leitet Hobbes eine Anzahl Sätze über gleichförmige und beschleunigte Bewegung ab, die im wesentlichen mit der Darstellung Galilei's über diesen Gegenstand übereinstimmen (Hobbes, de corp. 3, 4, 5). Die für die Richtigkeit seiner Sätze aufgestellten Beweise sind rein geometrischer Art, ein Verfahren, das er mit Galilei teilt, und bieten insofern für unsere Anschauungsweise manches Ungewohnte, wie es sich im ferneren auch bei seinen geometrischen Arbeiten zeigt, wo er mit Vermeidung jeder unmittelbar analytischen Bestimmung sich bei der Lösung mit mittleren und höheren Proportionalen zu helfen sucht. Diese Vermeidung jeder analytischen Bestimmung hat ihren Grund bei Hobbes in seiner Abneigung gegen die Algebra überhaupt. In dieser Abneigung gegen die Anwendung von Zahlen auf die Geometrie begegnet er sich mit Josef Scaliger, dessen Werke Hobbes kannte (vol. VII, six lessons etc. p. 291), und der es tadelte, dass Archimed Zahlen in geometrischen Beweisen braucht (cfr. Kästner, Geschichte der Mathematik, Bd. 1, p. 505). Mit demselben stimmte er noch in der Meinung überein, dass nach der Geometrie etwas wahr sein könne, was nach der Arithmetik falsch ist (Hobbes, vol. VII, cap. VIII, six lessons to the prof. of math. p. 186), und dass man eher der Arithmetik einen Fehler in der Berechnung zutrauen könne, als der Konstruktion. Hobbes nennt geradezu die Algebra „die Geissel der Geometrie" (weapon of algebra, vol. VII, seven phil. probl. ch. VIII), allerdings hatte auch Wallis ihm gegenüber schonungslos von dieser Waffe Gebrauch gemacht. Die weiteren Sätze über die Bewegung eines durch zwei Kräfte bewegten Körpers in der Diagonale des von diesen Kräften als Seiten gebildeten Parallelogramms (de corp. XVI, 8, coroll.), oder in einer Parabel (ibid., 9), gehen nicht über das von Galilei über diese Beziehung Gesagte hinaus, und im ferneren behandelt er nur eine Anzahl verschiedenartiger Parabeln (XVI, 10; 11), deren Gestalt er in einem besonderen Kapitel unter der gemeinsamen Benennung der „deficient figures" (cap. XVII) der Untersuchung unterzieht. Er giebt dabei gleichzeitig eine Definition der „commensurablen" Grössen als solcher, welche sich zueinander verhalten wie Zahl zu Zahl (cap. XVII, p. 247, de corp.), analog unsrer Auffassung solcher Grössen als durch dasselbe Mass messbar und somit eine vergleichende Beziehung der Masszahlen zulassend. Die Beweise, welche Hobbes für seine verschiedenen dargestellten Kurven (die Parabel nennt Hobbes eine dreiseitige Figur mit einem Mittel; sie ist gleich $^2/_3$ des zugehörigen Parallelogramms; eine dreiseitige Figur mit zwei Mitteln wird kubische Parabel [gleich $^3/_4$ des zugehörigen Rechtecks] genannt, u. s. w., de corp. p. 253, ch. XVII) aufstellt, enthalten mancherlei, was nicht als begründet betrachtet werden kann, und das Bewiesene ebenso wie das Konstruierte nicht aus dem Gesagten folgern lässt.

Auch stellt er eine Anzahl Reihen auf, die wenig Zweck erkennen lassen, einmal, um wieviel gewisse dreiseitige Figuren (deficient figures) sich von dem dazugehörigen Parallelogramm unterscheiden und um wieviel sie andrerseits von einem geradlinigen Dreieck von derselben Grundlinie und Höhe variieren (de corp. ch. XVIII, p. 254—260), und will diese Beziehungen benutzen, um die Verhältnisse zu bestimmen, welche die mit beschleunigter Bewegung in bestimmten Zeiten zurückgelegten Wege zu den Zeiten selbst haben. Zum Zwecke des Beweises dafür vergleicht er die Flächen zweier dreiseitigen ähnlichen Figuren miteinander als proportional dem Verhältnis zweier Strecken, und begründet endlich seine Ableitungen damit, dass alle Gleichheit und Ungleichheit zwischen zwei Wirkungen, d. h. jedes Verhältnis von den gleichen oder ungleichen Ursachen jener Wirkungen herrühre und dadurch bestimmt werde, dass somit die Verhältnisse der Grössen dieselben sind mit den Verhältnissen ihrer Ursachen. Er will auf diese Weise durch Vergleichung der Grössen mit Hilfe der sie erzeugenden Bewegungen zeigen, dass die Oberfläche einer Kugelschale gleich ist demjenigen Kreise, dessen Radius gleich der vom Pole der Kugelschale nach dem Umfange der Basis gezogenen Geraden ist (de corp. XVII, p. 265), und löst den Fall konstruktiv auch für den Halbkreis richtig (es gilt dieser Satz auch für jeden beliebigen anderen Teil der Kugeloberfläche), aber sein Beweis dafür ist unzulänglich und unübersichtlich, während die Berechnung dieses und aller übrigen Fälle sofort die Richtigkeit derselben klar darthun würde. Ebenso gelangt er bei dem Versuche, die Parabel zu rektificieren (de corp. ch. XVIII, 1, p. 268, 269), da er die Grösse der Beschleunigung der die Parabel miterzeugenden Bewegung nicht genau bestimmt, bei seiner Annahme zu einem falschen Resultat, was sich sofort bei der analytischen Lösung dieses Problems zeigt. Es ergiebt sich (cfr. Schlömilch, Analysis I, § 83, p. 386) durch Rektifikation des Halbparameters:

$$s = \frac{1}{4}\left\{\frac{x\sqrt{p^2+x^2}}{p} + pl\left(\frac{x+\sqrt{p^2+x^2}}{p}\right)\right\},$$

während nach den Hobbes'schen Voraussetzungen die rektificierte Parabel ganz unabhängig vom Halbparameter sein würde. [Es würde sich ergeben:

$$s = \sqrt{\frac{y^2}{4} + \frac{x^2\sqrt{2}}{2}} + \sqrt{\frac{y^2}{4} + \left(x - \frac{x}{2}\sqrt{2\sqrt{2}}\right)^2}.]$$

Anschliessend an diese Bestimmung der Parabel durch eine gerade Linie spricht er noch die Überzeugung aus, dass es auch möglich sein würde, die Kreislinie durch eine ihr genau gleiche gerade Linie darzustellen und verweist auf die darauf bezüglichen Versuche von Archimedes, Apollonius, sowie auf Bonaventura (de corp. XVIII, p. 273), welcher Letztere annahm, dass jedes zusammenhängende Gebilde aus einer unbestimmten Anzahl letzter Teile bestehe, in welche man die Figur durch parallele Schnitte zerlegen kann; also nur die Exhaustionsmethode der Alten wieder zur Anwendung brachte (Montucla, vol. II, p. 38). Auch Hobbes scheint sich derselben bei dem Versuche, die Länge eines Quadrantenbogens durch Konstruktion zu bestimmen, zu bedienen. Seine weiteren Untersuchungen über diesen Gegenstand, sowie über die Quadratur des Zirkels sind teils in de corp. ch. XX, teils vol. VII, p. 178 und in vol. IV, p. 360 flg., p. 484 flg.; de quadratura circuli etc. enthalten.

In seiner Auffassung über die Einfalls- und Reflexionswinkel (de corp. ch. XIX) ist seine Bezeichnung der Winkel eine von der unsrigen abweichende, indem er unter Einfallswinkel nicht denjenigen versteht, welchen der Einfallsstrahl mit dem Einfallslot bildet, sondern den vom Einfallsstrahl und reflektierender Linie (line reflecting) gebildeten Winkel (de corp. XIX, p. 275). Von den über die Reflexion aufgestellten Behauptungen haben eigentlich nur Satz 1 und 2 mit Coroll. über die Reflexion paralleler Linien und diejenigen zweier von einem Punkte ausgehenden Geraden für die späteren physikalischen Betrachtungen Bedeutung. Im weiteren behandelt er die Reflexion beim Kreise (de corp. XIX, 3—10) allerdings ausführlich, aber gerade in dieser Ausführlichkeit nur das Streben nach Berücksichtigung besonderer Fälle zum Ausdruck bringend.

Hobbes nahm, wie schon erwähnt ist, an den Bestrebungen seiner Zeit, die Kreislinie zu rektificieren und den Kreis zu quadrieren, eifrig teil und kannte sowohl die von Archimedes gegebene angenäherte Bestimmung der Zahl π und des Quadrantenbogens, als auch die Resultate Ludolph's von Cöln (welcher zuerst nach der Methode des Archimedes die Zahl π auf 36 Stellen berechnete, anno 1610) und von Willebrordus Snellius (welcher mit Hilfe eines Polygons von 1073741824 ($= 2^{30}$) Seiten das Resultat Ludolph's fand; cfr. Montucla, vol. II, p. 6, 7; de corp. ch. XX, p. 287, 288). Vielleicht hat er die von den Letzteren aufgestellten Werte (wenn man den Radius gleich 10'000'000 setzt, so differiert der Quadrantenbogen nicht um eine ganze Einheit von der Zahl 15'707963) als für die Praxis wenig geeignet angesehen und deshalb versucht, analog der Exhaustionsmethode der Alten dieses Problem konstruktiv zu lösen. Möglich ist es allerdings auch, dass er zu seinen vielen Versuchen (Hobbes, de magn. circ. vol. IV, p. 360 flg.), auf diesem Wege zum Ziele zu gelangen, durch seine Beschäftigung mit den Werken des Regiomontanus gekommen ist (Hobbes, vol. IV de princ. et rat. geom. cap. 23, p. 464), der wieder die vom Kardinal Nicolaus Cusanus [dessen 1565 in Basel erschienenen Werke Hobbes möglicherweise selbst gekannt hat (Whewell, vol. 1, p. 384)] gegebenen Vorschriften prüfte (Kästner, vol. I, p. 575). Aus Regiomontan stammt auch die Notiz bei Hobbes, dass die Araber die Zahl $\pi = \sqrt{10}$ [(wenn der Durchmesser des Kreises gleich 1 gesetzt wird, ist der Umfang des Kreises gleich $\sqrt{10}$) cfr. H. Hankel, Gesch. der Math. p. 216; Kästner, vol. II, p. 33, 34] angenommen hätten und Hobbes stimmt dieser Annahme bei (in vol. VII, p. 178). Man muss sich darüber wundern, denn wenn auch Scaliger (gestorben 1609) noch $\pi^2 = 10$ setzte (cfr. Kästner 1, p. 494), so wurden doch, da schon gegen Ende des 16. Jahrhunderts die Ausziehung der Quadratwurzeln und die Annäherung zu ihnen, wenn sie irrational sind, besonders durch die von Simon Stevin (Kästner III, p. 5) eingeführte Einteilung nach Zehnen und dieser gemässen Rechnung (Franz Viëta giebt den Kreisumfang bis auf Hunderttausendmillionteile des Durchmessers an und erreicht das, indem er dabei Quadratwurzeln aus Quadratwurzeln zieht. cfr. Kästner, III, p. 38) weiter getrieben worden ist, als zuvor, die für den Kreis angestellten Berechnungen mit einer solchen Genauigkeit durchgeführt (wie es z. B. der von Adrianus Romanus gegebene Wert für den Umfang des Kreises gleich 62831'853071'795862, $\pi = 3{,}1415926535897931$ zeigt; Kästner, vol. 1, p. 462, 466), dass man über die Ungenauigkeit der früheren Bestimmungen nicht im Zweifel sein konnte, noch dazu, da dieselben von Ludolph von Cöln, Adrianus Romanus und Anderen ihre Widerlegung gefunden hatten (Kästner 1, p. 498).

Um das bereits zur Zeit des Dinostratus (cfr. H. Hankel, Gesch. der Math. p. 151) aufgetauchte Problem, „einen gegebenen Winkel nach einem bestimmten Verhältnis zu teilen", zu fördern, sucht Hobbes dasselbe demjenigen, „eine gerade Linie gleich dem Bogen eines Kreises zu finden", reciprok zu machen, weil, wenn uns die Länge des Quadrantenbogens bekannt wäre, wir dadurch auch einen Winkel nach einem gewissen Verhältnis zu teilen im stande wären. Da das nun nicht auf arithmetische Weise geschehen könne, so sucht er es auf geometrischem Wege zu erreichen (cfr. Whewell 1, p. 433 über das nach Kepler benannte Problem). Jedenfalls darf man annehmen, dass die aus der zweiten Hälfte des zehnten oder der ersten Hälfte des elften Jahrhunderts von dem Araber Abū'l Ġūd gelöste Aufgabe der Trisection eines Winkels mit Hilfe von Kegelschnitten ihm nicht bekannt gewesen ist (H. Hankel, p. 276). Hobbes erster Versuch zum Ziele zu kommen, indem er die trigonometrische Beziehung benutzt, dass man bei sehr kleinen Winkeln den Sinus für den Bogen setzen kann (de corp. XX, 2), hatte ebensowenig Erfolg als der andere, aus der Natur der Krümmung des Kreises selbst die Kreislinie zu bestimmen. Alle seine teils in de corpore, teils in vol. IV, de quadratura circuli, über Umfang und Inhalt des Kreises niedergelegten Untersuchungen, wie diejenigen de duplicatione cubi (vol. VII, ch. VIII, p. 60, 61), welche auf kubische Gleichungen führen, und die er in der Weise der Alten mit Kreis und Lineal ebenso vergeblich wie diese zu lösen versuchte, zeigen nur Hobbes' Vorliebe für unlösliche Probleme; und diese Richtung, zugleich mit der paradoxen Kühnheit die Rechenmethoden oder vielmehr Rechenversuche vermehren zu wollen, fanden durch Wallis besonders ihre Widerlegung und Berichtigung. Zu bedauern bleibt nur, dass so viel Scharfsinn und so viel Mühe mit so geringem Erfolg belohnt aufgewandt worden ist, dass Hobbes, gleichwie die Alten in der Exhaustionsmethode, bei den in den Beweisen gemachten Umwegen allein die formale Strenge des Raisonnements zu wahren vermochte (Dühring, a. a. O. p. 6). Hobbes will aber die Richtigkeit seines Verfahrens und zugleich seine Abweichung von demjenigen der Alten damit begründen, dass bei den Alten die Analysis von den Kräften ausging und dass dieselben darin fehlten, etwas mit einer entfernteren Kraft zu thun, was sich durch eine nähere bewirken lasse. Zugleich erblickt er darin nur ein Argument dafür, dass sie die Natur eines Dinges nicht vollständig verstehen. Vergleicht man aber die Euklid'sche Definition der Analysis (H. Hankel, p. 137): „Analysis ist die Annahme des Gesuchten als zugestanden durch die Folgerungen bis zu einem als wahr Erkannten" mit der Hobbes'schen: „Analysis ist das Schlussverfahren, bei welchem unsre Überlegung (reason) von etwas Vorausgesetztem zu Principien, zu ersten Voraussetzungen übergeht (de corp. XX, 6)", so erscheint der Unterschied der beiderseitigen Meinungen als kein grosser. Nach Hobbes ist dabei das Endziel jeder „Analysis" das Verhältnis zweier Grössen, welches die gesuchte Grösse der Wahrnehmung darstellt, für den Fall, dass eine Figur beschrieben ist (de corp. p. 311). Wir müssen zuletzt zu den Ursachen von Gleichheit und Ungleichheit selbst kommen, und da das Ende der Analyse entweder die Konstruktion eines (möglichen) Problems oder der Nachweis seiner Unmöglichkeit ist, so muss der Analysierende bis zu den wirklichen (efficient) in den Definitionen enthaltenen Ursachen zurückgehen, d. h. die Wahrheit der Voraussetzung, welche er beweist, ist aus den Voraussetzungen, welche dieselbe beweisen, hergeleitet. Weil nun der Grund für die Konstruktion in den Dingen selbst liegt und in Bewegung oder deren Zusammenwirken besteht, deshalb sind die Propositionen, mit welchen die Analysis endet, Definitionen, welche zeigen, in welcher Weise das Entstehen der Dinge vor sich geht (de corp. p. 312). Synthetisch ist die Art und Weise des Nachweises selbst, und Analyse und Synthese unterscheiden sich nur im Vorwärts- und Rückwärtsgehen voneinander. Durch Synthese aber zum Beweise des Problems zurückzugehen, wäre unmöglich, weil jede wissenschaftliche Demonstration von den Ursachen ausgehen muss, aus welchen die Konstruktion des Problems hergeleitet ist.

Wenn Hobbes weiter behauptet, dass Niemand ein guter Analyst sein könne, der nicht zuerst ein guter Geometer wäre, dass das richtige Lehren der Geometrie durch Synthese (nach Euklids Methode; cfr. de corp. p. 314) geschehe, so bringt er damit wieder nur seine Abneigung gegen die Algebra zum Ausdruck, während es doch gerade für die Lösung von Fragen, die für die alte Analysis unlöslich waren, keine glücklichere Idee gab als die, diese Untersuchungen auf Algebra und Arithmetik zurückzuführen, analog dem Satze: „Alle Grössen können durch gewisse Zahlenwerte ausgedrückt werden" (Montucla, II, p. 103, 104) und Briggs z. B. ausdrücklich erklärte, dass Geometrie ohne Verbindung mit Arithmetik nur von geringem Nutzen sei (Kästner, III, p. 17). Hobbes dagegen bezeichnete die Algebra als eine Kunst „neither of teaching nor learning geometry, but of registering with brevity and celerity the inventions of geometricians" und zeigte sich so weit entfernt von der Auffassung Descartes', welcher erkannte, dass ein algebraischer Ausdruck eine kurze und energische Darstellung der Eigentümlichkeit einer Kurve ist (Montucla, II, p. 121). Auch dass er der reinen Algebra, ohne jede Idee einer Sache, jedweden Nutzen abschreibt (de corp. p. 317), kommt nur daher, dass er bei allen seinen Berechnungen eine materielle Grundlage alles Seins behauptete, und deswegen für ihn die körperlichen Verhältnisse der Geometrie das Erste sind, während sich die arithmetischen Berechnungen nur an das Körperliche anschliessen sollen (cfr. Ritter, 10, p. 462).

Indem Hobbes in der Definition der „einfachen" Bewegung (de corp. ch. XXI, 1) dieselbe als eine solche bezeichnet, bei welcher die in einem bewegten Körper angenommenen einzelnen Punkte in den einzelnen gleichen Zeiten einzelne gleiche Bogen beschreiben, will er darunter in der Hauptsache diejenige kreisförmige Bewegung (circular motion) verstanden wissen, bei welcher jede in dem bewegten Körper angenommene gerade Linie immer sich selbst parallel geführt werde. Er legt dieselbe der Erde bei (de corp. XXI, 2, coroll.) und sucht die Bewegung derselben aus der Bewegung eines deferierenden Kreises (ganz analog der Kopernikanischen Auffassung) zu erklären (Whewell, I, p. 387), will aber zugleich mit seiner Darstellung darthun, dass die von Kopernikus angenommenen zwei jährlichen Bewegungen der Erde (eine jährliche Bewegung um die Sonne von West nach Ost und eine jährliche konische Bewegung der Erdaxe um eine Senkrechte zur Ebene der Ekliptik; cfr. R. Wolf, Geschichte der Astronomie, p. 228; Kopernikus, de revol. orb. cel. übers. von Menzzer, cap. 11, p. 28, 29) sich auf diese einfache Bewegung zurückführen lassen (de corp. part. IV, ch. XXVI, 5, 6), übereinstimmend mit Rothmann, der schon wenige Jahre nach der Erscheinung des Werkes „De Revolutionibus" in seinem Briefe an Tycho de Brahe (Tycho, epist. 1, p. 184, vom Jahre 1590) sagte: „Es ist kein Grund für diese dritte Bewegung der Erde vorhanden, denn die jährliche und tägliche Bewegung derselben reicht für alles aus." Hobbes stimmt dagegen mit Kopernikus und dem Grundsatze der Alten darin überein, dass diese Bewegung eine gleichförmige (Whewell 1, p. 389) Cirkularbewegung ist, worauf er durch Galilei geführt worden sein kann, der in seinem ersten Dialog über das Kopernikanische System (Galilei, Dial. I, p. 40), welcher im Jahre 1630 erschien, noch behauptete, dass die kreisförmige

Bewegung allein eine ihrer Natur nach gleichförmige sei (Whewell II, p. 29). Hobbes steht auch bezüglich seiner Ansicht über das Weltsystem noch ganz auf dem Kopernikanischen Standpunkt und scheint die von Kepler herbeigeführte Reformation der Astronomie nicht hinreichend gekannt oder geschätzt zu haben (cfr. Joh. Kepler's astron. Weltansicht von Dr. Ernst Friedr. Apelt, p. 4 u. 13; Hobbes de corp. XXVI, 5, 6; XXIX). Das darf uns aber nicht verwundern, denn es ist thatsächlich die Entdeckung der drei Gesetze, welche Kepler's Namen unsterblich machten, von seiner Mitwelt nicht anerkannt worden und selbst von Galilei niemals auch nur erwähnt. Erst die Engländer Horrox und Crabtree verglichen die Kepler'schen Gesetze mit dem Himmel, fanden ihre Wahrheit bestätigt und verschafften ihnen Anerkennung in England, und diese Männer bilden auch das verbindende Mittelglied zwischen Kepler und Newton.

Die Bewegung eines Körpers mit einfacher Bewegung in einem flüssigen Medium zieht bei Ausschliessung jedes Raumes (without vacuity) notwendig die kontinuierliche Veränderung aller Teile der zusammenhängenden Flüssigkeit hinsichtlich ihrer Lage nach sich (de corp. XXI, 3, p. 321 flg), analog dem von Pascal in seiner 1653 erschienenen Abhandlung vom „Gleichgewicht der Flüssigkeiten" Bewiesenen, dass die in einem Gefässe eingeschlossene Flüssigkeit nach allen Richtungen denselben Druck ausüben müsse (Whewell II, p. 71). Und zwar findet die Lagenveränderung nach der Grösse der Geschwindigkeit des sich bewegenden Körpers am schnellsten in den kleinsten Kreisen statt und entsprechend langsamer in den grösseren. Dabei wird zunächst die dem Körper selbst anhaftende Flüssigkeit mit demselben in gleicher Zeit herumgeführt, die entfernteren Teile der Flüssigkeit dagegen vollenden ihre Kreise in Zeiten, die ihren Entfernungen von Movens proportional sind (de corp. XXI, 4). Entsprechend wird durch dieselbe einfache Bewegung eine Anhäufung homogener, eine Zerstreuung heterogener in der Flüssigkeit schwimmender Körper verursacht, während heterogene, durch eine Specialursache, d. h. die innere Bewegung ihrer kleinsten Teile unterschiedene, nicht schwimmende Körper durch diese Bewegung unordentlich untereinander gemischt werden. Eine solche Bewegung nennt Hobbes „Fermentation", kann aber unmöglich unsere jetzige Auffassung dieses Wortes damit verbunden haben, denn in de corp. XXVII, 3, p. 449 nennt er auch die einfache

Cirkularbewegung der Luftteilchen Fermentation und glaubt, dass durch dieselbe das Wasser als Wolken aufsteige, zugleich will er in der Fermentation der Luft das Princip der Blutbewegung erkennen (de hom. 1, 2, p. 4). Wenn er nun im Ferneren behauptet, dass ein mit einfacher Bewegung bewegter kugelförmiger Körper am Äquator mehr Kraft besitzt, als an den Polen, heterogene Körper zu zerstreuen, so ist das richtig (der grösseren Centrifugalkraft halber am Äquator), ungenau aber ist die Angabe, dass in einer mit einfacher Bewegung fortschreitenden Flüssigkeit sich diese nur deshalb nach allen Seiten hin über die Oberfläche einer in ihr schwimmenden Kugel ausbreite, weil sie nirgend anders hin ausweichen könne, weil hierbei die von der Adhäsion herrührende Wirkung gar nicht in Betracht gezogen ist (de corp. XXI, 8). Auch wird eine in einer Flüssigkeit mit einfacher Bewegung fortschreitende Kugel nur dann eine andere in demselben Medium mitschwimmende Kugel mit der Flüssigkeit gleichzeitig gleiche Bogen zurücklegen lassen (de corp. XXI, 10), wenn die zweite Kugel mit der Flüssigkeit gleiches specifisches Gewicht hätte, andernfalls müssten die von der Verschiedenheit der specifischen Gewichte herrührenden Momente mit berücksichtigt werden. Jenachdem nun die Körper so beschaffen sind, dass kein Teil derselben dem Movens ausweicht, ausser wenn alle Teile ihre Lage gleichzeitig verändern, oder während das Ganze unbeweglich bleibt, die Teile leicht vom Movens aus ihrer Lage gebracht werden können, unterscheidet man harte und weiche Körper, und ebenso wie hart und weich sind auch gross und klein nur verschiedene Grade der Qualität (de corp. XXII, 2). Da die Bewegung das allen Erscheinungen zu Grunde Liegende ist, heisst „etwas thun" und „etwas leiden" soviel als bewegen und bewegt werden (de corp. XXII, 3), und es sind auch die beim Drucke zweier flüssigen oder festen Körper auftretenden Erscheinungen Bewegungsphänomene, und zwar findet das seitliche Heraustreten der Körper dabei immer in einer zu den drückenden Körpern senkrechten Richtung statt (de corp. XXII, 4), nur tritt das z. B. bei festen Körpern zu schwach auf, um bemerkt zu werden. Die aus dem Druck zweier einander nicht durchdringenden festen Körper in einer zur gedrückten Oberfläche senkrechten Richtung resultierende rückwirkende Kraft erklärt Hobbes ganz richtig dahin, dass vermöge der Zerlegung der widerstehenden Kraft in zwei Einzelkräfte, von denen die in der Richtung der Oberfläche liegende nicht zur Wirkung gelangt, nur die zur Oberfläche senkrechte Kraft in Frage kommt. Wie Kepler, so sucht auch er seiner Ansicht über die Zerlegung der Kräfte analog die Ursache der Ablenkung eines aus einem Mittel auf ein anderes auffallenden Körpers in dem Widerstande des dichteren Mittels, und wenn er auch mit Descartes (Cartesii Dioptr. p. 52) die Brechung des Lichtstrahles aus mechanischen Grundsätzen durch die Zerlegung der Kräfte anzugeben versucht, so behauptet er doch zugleich mit Fermat in der Lehre vom Lichte im Gegensatze zu Descartes, dass die Bewegung im dichteren Mittel sich verlangsame (de corp. XXII, 7; XXIV, 9, p. 375), was Leibniz später bei seiner Annahme des kürzesten Weges und der kürzesten Zeit zu seiner Erklärung der Brechung benutzte (Pristley 1, p. 88, 89. Geschichte der Optik). Für das Wasser haben Fizeau und Foucault wirklich die Lichtgeschwindigkeit nur gleich $3/4$ von der Geschwindigkeit in der Luft gefunden. Hobbes benutzt gleichzeitig die Zerlegung der Kräfte zu einer klaren und anschaulichen Erklärung der Erscheinungen, welche beim Segeln eines Schiffes gegen den Wind auftreten (de corp. XXII, 8) und setzt ebenso hinreichend auseinander, warum ein geneigt auftreffender Stoss schwächer wirkt als ein senkrechter, und zwar im Verhältnis des Sinus des Neigungswinkels.

Nach seiner ganzen Auffassung der Bewegung und der Übertragung derselben von einem Körper auf den andern, musste Hobbes zu der Ansicht gelangen, dass in einem vollen Medium (d. h. ohne jedweden leeren Raum) auch die kleinste Bewegung sich überallhin, und im Falle eines unendlichen Mediums unendlich weit fortpflanzt (cfr. damit Descartes, la dioptr. 1637, p. 4). Denn das Bestreben (endeavour) des einen Teilchens sich zu bewegen, macht das ihm im Wege Stehende ausweichen, dieses bewirkt dasselbe bei einem Dritten u. s. w., und so setzt sich das bis ins Unendliche fort. Psychologisch wichtig ist die über das Wahrnehmen kleiner Gegenstände durch das Auge abgeleitete Ansicht. Hobbes führt das Aufhören der Wahrnehmung sehr kleiner Gegenstände (z. B. eines Sandkorns) in gewissen Entfernungen (für welche bei gewöhnlichem Licht der Gesichtswinkel nicht unter $1/2$ Minute betragen darf) nicht darauf zurück, dass die Aktion des Sandkörnchens auf das Sehorgan ganz aufgehoben sei, sondern nur zu sehr geschwächt. Denn dass die Aktion des Einzelnen nicht aufgehoben sei, erkenne man daraus, dass ein ganzer Haufe solcher Körnchen in derselben Entfernung, in welcher das Einzelne verschwinde, doch deutlich wahrgenommen werde (cfr. de hom. cap. 3, 2, p. 20). Allerdings müsste nach seiner Annahme, dass die ganze Welt voll ist und ein Endeavour sich somit in derselben auf unendliche Entfernung hin gleichstark überträgt, auch die Wahrnehmung der kleinen Körper nicht von der Entfernung abhängig sein (de corp. XXII, 9). Wie er aber hierbei das „Warum" unerörtert lässt, so geht er auch bei der Auseinandersetzung über die Begriffe hart, weich, zäh, Ausdehnung und Zusammenziehung (dilatation and contraction) nicht auf die Natur derselben ein, sondern sagt nur, zäh ist das, was zwischen hart und weich liegt und gekrümmt werden kann, ohne dadurch in dem, was es war, geändert zu werden (de corp. XXII, 10, 11). Die Unterscheidung einer Bewegung als Stoss und Zug (pulsion und traction) will Hobbes nur auf den Stoss reduciert wissen, indem er sich vorstellt, dass der ziehende Körper durch seine Bewegung die vor ihm befindlichen Teile des Mediums verdrängend, durch deren Ausweichen einen Druck oder Stoss auf den gezogenen ausübt, analog der Erklärung der Wurfbewegung des Aristoteles (cfr. Arist. Phys. VIII, 10). Wenn er nun bei elastischen Körpern die Eigenschaft derselben, sich zu restituieren, der inneren Konstitution derselben zuschreibt, so wendet er sich dabei zugleich entschieden gegen die Annahme, dass die Wegnahme eines Hindernisses die Kraft einer Ursache repräsentiere (de corp. ch. XV art. 3, XXII, 13, 18), hält vielmehr aufrecht, dass die durch den Druck beeinflusste Bewegung der kleinsten Teile eines Körpers und die Variation derselben nach Wegnahme der drückenden Kraft wieder in ursprünglicher Weise vor sich ginge. Dass ein in Bewegung befindlicher Körper auch nach dem Aufhören der treibenden Kraft oder des treibenden Körpers noch in seiner Bewegung verharrt, bis er durch einen äusseren Widerstand daran gehindert wird, ist die konsequente Vertretung der Hobbes'schen Ansicht, dass die Aktion eines äusseren Agens ohne Berührung keine Wirkung hervorrufe. Ebenso richtig erklärt sich daraus die fernere Erscheinung, dass die Teile eines plötzlich aus der Ruhe in Bewegung versetzten Körpers nicht alle gleichzeitig dieselbe Geschwindigkeit annehmen, wie auch weiter daraus die Möglichkeit abgeleitet wird, die Körper durch einen rasch ausgeführten Schlag oder Stoss zu zerbrechen oder zu zertrümmern (de corp. XXII, 14, 15; vol. VII seven phil.

probl. ch. p. 53). Wenn Hobbes nun als Ursache der Schwierigkeit, die sich der Bestimmung derjenigen Kräfte entgegenstellt, welche Schlag und Stoss genau repräsentieren, diejenige hinstellt, dass z. B. die Geschwindigkeit des Schlagenden zu vergleichen sei mit der Grösse des Wägenden, so lässt er dabei die Schätzung der Arbeitsleistung mit Hilfe der „lebendigen Kraft", welche Bezeichnung erst von Leibniz herrührt, ganz unberücksichtigt und will das Mass des Gewichts von der Ausdehnung des ganzen Körpers abhängig gemacht wissen. Nur kurz angedeutet behandelt er noch den elastischen Stoss, bei welchem er Aktion und Reaktion in derselben Richtung wirkend annimmt (de corp.). Er ist allerdings mit seiner Auffassung noch weit entfernt von der Galileischen (in dessen Discorsi, Bd. XIII der Werke p. 318 flg. niedergelegten) Ansicht, derzufolge „das Moment" eines schweren Körpers im Akte des Stosses als ein Aggregat unendlicher Momente betrachtet wird, in welchen die eigene Schwere sich bethätige. Doch wurde erst durch die Arbeiten eines Wallis, Wren und Huygens, besonders die des Letzteren, in den Jahren 1668 und 1669 eine klare und möglichst vollständige Darlegung der Stossgesetze angebahnt (cfr. Dühring, Kr. Gesch. der Princip. der Mech. p. 154—174; Fischer, Gesch. der Physik vol. 1, p. 361 flg., 369 flg.). Wichtig für Hobbes' spätere physiologische Lehren ist seine Auffassung der Gewohnheit (habit). Er bezeichnet dieselbe als das Entstehen einer Bewegung oder das leichte Hinführen des bewegten Körpers in einem bestimmt vorgezeigten, sichern Wege, wobei die ein Hindernis dieser Bewegung repräsentierenden Endeavours sich nach und nach abschwächen. Und zwar will er diese Gewohnheit sowohl bei lebenden Wesen, als auch bei unbeseelten Körpern beobachtet wissen, wobei er ganz richtig folgert, dass nach und nach dabei die innere Konstitution des Körpers eine dauernde Beeinflussung erfährt.

Die über das Endeavour dargelegten Sätze benutzt Hobbes bei seiner Behandlung der Wage. Eine Wage ist nach ihm eine gerade Linie, deren Mittelpunkt unbeweglich ist, während alle übrigen Punkte frei beweglich sind (de corp. XXIII, p. 351). Für den Fall des Gleichgewichts verlangt er die Gleichheit der Endeavours der einzelnen an den Wagebalken wirkenden Körper. Hier würde somit das Endeavour mit dem statischen Moment zusammenfallen. Während er unmittelbar darauf das Gewicht als das Aggregat aller Endeavour definiert, mit welchem alle Punkte der auf den Wagebalken drückenden Körper in parallelen Linien nach unten streben, und endlich „Moment" nach ihm diejenige Kraft ist, welche der zu wiegende Körper besitzt, um den Wagbalken zu bewegen auf Grund einer bestimmten Lage. Gerade diese Auffassung des Moments schliesst sich eng an die Galilei'sche an: „Es ist das Moment jener Andrang (impeto) herunter zu gehen, der sich aus der Schwere, der Lage und anderen zusammensetzt, wovon eine solche Neigung verursacht werden kann" (Galilei, Discorsi e dimonstrazioni matematiche, Bd. XIII, 3. Tag, p. 175). Unter Gleichgewichtsebene versteht Hobbes dabei diejenige, durch welche der zu wägende Körper so geteilt wird, dass die Momente auf beiden Seiten gleich bleiben. Der gemeinsame Schnitt zweier Gleichgewichtsebenen ist der Gleichgewichtsdurchmesser, endlich der gemeinsame Punkt zweier Gleichgewichtsdurchmesser der Schwerpunkt. Aus diesen Definitionen folgen die von Hobbes über die Wage aufgestellten Sätze von selbst: Dass das Gleichgewicht zweier gleich schwerer Körper durch Auflegen eines Übergewichts auf den einen derselben gestört werde; dass zwei gleich schwere Körper von gleicher Masse in gleicher Entfernung vom Mittelpunkt der Wage angebracht im Gleichgewicht sind oder gleiche Momente haben (analog der Archimedischen Fundamentalvoraussetzung: „Gleich schwere Körper in gleichen Entfernungen wirkend sind im Gleichgewicht"); dass zwei Gleichgewichtsebenen nicht parallel sind; dass der Schwerpunkt in jeder Gleichgewichtsebene liegt. Der Beweis für die Behauptung, dass das Moment eines an einem Punkte des Wagbalkens angreifenden Körpers sich verhalte zum Moment desselben oder eines anderen (wobei Hobbes allerdings noch hinzufügen müsste, dem ersten an Gewicht gleichen) Körpers an einem anderen Punkte, wie die Entfernungen dieser Punkte vom Centrum der Wage, oder wie die von den Punkten um das Centrum der Wage beschriebenen Kreisbogen, oder endlich wie die Basen ähnlicher Dreiecke, beruht somit nur auf der Annahme der Gleichheit der geleisteten Arbeiten (de corp. XXIII, 4, p. 353, 354). Ganz richtig setzt Hobbes auch das Verhältnis der Momente (hier der statischen Momente) ungleich schwerer Körper an der Wage aus dem Verhältnisse ihrer Entfernungen vom Centrum und ihrer Gewichte zusammen, und leitet daraus weiter ab, dass für solche auf verschiedenen Seiten des Centrums der Wage angreifende Körper für den Fall des Gleichgewichtes die Gewichte und ihre

Entfernungen vom Centrum im umgekehrten Verhältnisse stehen müssen (de corp. XXIII, 5, 6, 7). Dass für die über die ganze Länge des Wagbalkens errichteten Parallelogramme, Parallelepipede, Prismen, Cylinder oder deren Oberflächen, oder die durch parallele Schnitte zur Basis derselben erhaltenen Stücke die Momente im nämlichen Verhältnis zueinander stehen, wie ähnliche Dreiecke, deren Scheitel im Centrum der Wage liege und deren eine Seite die durch parallele Schnitte abgeschnittenen Teile des Wagbalkens sind, lässt sich schon aus der Beziehung dieser Körper und Oberflächen untereinander ableiten. Hobbes benutzt aber bei seinem Beweis einmal die Zerlegbarkeit dieser Körper in unendlich viele Teile, und dann die frühere Auffassung, dass eine Ebene (hier ein Dreieck) sich aus geraden Linien zusammensetzt und körperlich ausgedehnt aufzufassen sei (de corp. XXIII, 8). Zum Schluss giebt er noch richtig die Bestimmung des Schwerpunktes eines Kugelsektors an, und zwar liege derselbe so, dass die von der Achse des Kegels und der halben Höhe der Haube gebildete Strecke im Verhältnis von 3 zu 1 geteilt wird (cfr. Reis, Physik, p. 101, Aufg. 126). Der Beweis für diese Behauptung ist, anschliessend an die früheren Sätze, umständlich und wenig überzeugend, von einer Zerlegung des Kugelsektors in lauter pyramidalische Elemente keinerlei Andeutung vorhanden (de corp. XXIII, 14).

Bei den, den dritten Teil seines Werkes de corpore beschliessenden Betrachtungen über Refraktions- und Reflexionserscheinungen fallen seine Bezeichnungen der Winkel als „gebrochene" Winkel (angle refracted) und „Neigungswinkel" (angle of inclination) mit unseren Brechungswinkel und Einfallswinkel zusammen (de corp. XXIV, 1—81). Hobbes definiert dabei das „dünnere" Mittel als dasjenige, in welchem sich einer Bewegung oder der Entstehung einer solchen weniger Widerstand entgegenstellt, während im „dichteren" Mittel mehr Widerstand vorhanden ist. Hat das Medium durchaus denselben Widerstand, so ist es homogen, andernfalls heterogen. Beim Übergehen eines Körpers oder einer Bewegung aus einem Medium in das andere in einer zur trennenden Oberfläche senkrechten Richtung wird, keine Brechung auftreten können, weil wegen der gleichen Beschaffenheit des Mediums nach allen Seiten vom Einfallspunkte entweder die gebrochene Linie (oder Richtung) nach allen Seiten hingehen muss, was absurd wäre, oder was eben eintritt, keine Brechung vorhanden ist (de corp. XXIV, 2). Hobbes leitet daraus die Schlussfolgerung ab, dass nur in der „Neigung" des Einfallsstrahls die Ursache dafür enthalten sei, ob der einfallende Körper beide Mittel durchdringt oder die Bewegung sich nur durch Druck fortpflanzt. Dass ein aus einem dünneren in ein dichteres Mittel, geneigt gegen die trennende Fläche übergehender Körper vom Einfallslot abgelenkt werde, erklärt er als Resultante dreier Kräfte, parallel der trennenden Fläche, senkrecht zu derselben (von oben), und dieser entgegengesetzt (vom Widerstand des dichteren Mittels herrührend) von unten (de corp. XXIV, 3). Überwiegt die restituierende Kraft des dichteren Mittels über die senkrecht von oben wirkende Komponente (wie es z. B. eintritt, wenn ein Körper sehr geneigt gegen die Oberfläche des Wassers geworfen wird), so findet kein Eindringen des Körpers in das dichtere Mittel, sondern eine gleichsam reflektierte Bewegung desselben statt. Hobbes leitet somit die Reflexion nur aus der Elasticität des Mobils und derjenigen der Oberfläche ab, derart, dass, wenn man beide gleich hart nimmt, keine Reflexion resultiert. Wenn er aber weiter die von einem Punkte eines Mittels nach allen Richtungen in demselben sich ausbreitende Bewegung (endeavour) beim Auftreffen auf die brechende Fläche eines anderen Mediums so gebrochen werden lässt, dass der Sinus des gebrochenen Winkels sich verhält zum Sinus des Neigungswinkels umgekehrt wie die Dichtigkeiten der beiden Medien, so kann man das zwar, ebenso wie die im Beweis angewandte Konstruktion als einen Anklang an das Huygens'sche Princip (1690) betrachten, nur lässt Hobbes die Art und Weise der Fortpflanzung der Bewegung, sowie die Elastirität der betreffenden Medien ganz unberücksichtigt und zieht nur die beiderseitige Dichte in Betracht. Es geht dabei also, wie auch bei der Geschwindigkeit des Lichts, nur eine Geschwindigkeitsänderung in senkrechter Richtung vor sich, während Descartes z. B. die Geschwindigkeitsänderung des Strahls in seiner ganzen Richtung behauptet (Montucla II, p. 252). Es würde der von Hobbes angeführte Satz: „Der Sinus des Einfallswinkels und der Sinus des Brechungswinkels stehen für zwei konstante Medien im Verhältnis der Fortpflanzungsgeschwindigkeiten" nur insoweit Geltung haben, als dieselben den Dichtigkeiten der betreffenden Mittel umgekehrt proportional wären, während die Geschwindigkeit gleich der Quadratwurzel aus dem Quotienten von Elasticität und Dichtigkeit ist, und schon 1664 Boyle und Hooke bemerkten, dass die Grösse der Brechung sich nicht nach der Dichtigkeit der brechenden Mittel richte, wenngleich nach den Versuchen der Akademie der Wissenschaften die brechende Kraft der Luft ihrer Dichte proportional gefunden wurde (cfr. Hobbes, de corp. XXIV, 4, p. 378—381; und Priestley, I. Geschichte der Optik, p. 125, 128). Das Brechungsverhältnis oder der Brechungsexponent zweier Mittel wird auch von ihm als konstant betrachtet, denn er sagt, dass das Verhältnis der Sinusse zweier Brechungswinkel dem Verhältnisse der Sinusse der dazugehörigen Einfallswinkel gleich ist (de corp. XXIV, 5; Decam. physiol. ch. X, p. 174, 175). Als Corollar dazu könnte man dann unmittelbar, wie es auch Hobbes thut, daraus ein Verhältnis ableiten für den Sinus der aus einem dünneren und aus einem dichteren Mittel unter demselben Einfallswinkel einfallenden Strahlen. Weiter fügt er noch die schon von Kepler erwähnte Erscheinung an, dass die gebrochene Linie (Strahl) in die trennende Oberfläche zu liegen kommt, wenn bei der Brechung aus einem dichteren in ein dünneres Mittel für den Fall eines Einfallswinkels von 45^0 der Sinus des Einfallswinkels gleich dem Brechungsexponenten wäre (oder mit Hobbes zu sprechen: Das Verhältniss der Dichtigkeiten gleich dem Verhältnis der Diagonale zur Seite des Quadrats ist); durch genaue Beobachtungen hat sich ergeben, dass der Grenzwinkel zwischen Glas und Luft 40^0, zwischen Wasser und Luft $48\frac{1}{2}^0$ beträgt. Ebenso tritt nach Hobbes totale Reflexion ein für den Fall grösserer Dichtigkeit unter der Voraussetzung eines Einfallswinkels, welcher grösser oder kleiner als 45^0 ist. Eine genauere und eingehendere Darlegung dieser Erscheinungen war erst späteren Gelehrten vorbehalten (cfr. de corp. XXIV, 7, 8, 9; Priestley, p. 66 über Kepler).

IV. Physik oder die Naturerscheinungen.

Als Grund für diese Bezeichnung des vierten Teiles seiner Werke führt Hobbes selbst den an, dass das darin Behandelte seine Principien in den Erscheinungen der Natur hat und damit endigt, eine Kenntnis der natürlichen Ursachen zu liefern. Er will in diesem Teile aus den durch die Empfindung wahrgenommenen Erscheinungen und Wirkungen der Natur zu dem gelangen, woraus sie entstanden sind, während die vorhergehenden Artikel nur das „Übereinkommen" über die Benennung der Dinge enthalten (de corp. XXV, 1). Man könnte die ersten Abschnitte dieses vierten Teiles als Versuch einer physiolog. Psychologie bezeichnen, der allerdings nur Keime dieses Wissenszweiges in seiner heutigen Gestalt aufweist. Daran würden sich Hobbes' Ansichten über das Weltsystem und die physikalischen Eigenschaften der Körper schliessen. Und während er im dritten Teile nur den mechanischen Teil der Physik in Betracht zieht, geht er im vierten Teile auf die übrigen Gebiete derselben näher ein.

Jeder Begriff (conception) rührt von einer Wirkung (action) des Dinges selbst her und wird, sofern diese Wirkung gegenwärtig ist, „Empfindung" genannt (vol. IV, ch. III). Da nach Hobbes all unser Wissen aus der Empfindung entspringt, muss das Suchen nach den Ursachen der Empfindung mit der Untersuchung der Empfindung selbst beginnen. Diese Schätzung der Empfindung wird uns durch das Gedächtnis (memory) möglich, d. h. durch die eine Zeitlang in uns verbleibende Erinnerung wahrgenommener Dinge nach dem Verschwinden derselben (for he that perceives that he has perceived, remembers; de corp. XXV,[1]). Aus dem fortwährenden Wechsel der Empfindungen in den einzelnen Sinnesorganen, welche uns nur einzelne Begriffe von den einzelnen Qualitäten an den Objekten geben (vol. IV, p. 4), dem Vergehen und Entstehen der Bilder (phantasms), je nach den verschiedenen den Organen sich darbietenden Objekten, zieht Hobbes den Schluss, dass die Empfindung irgend eine Veränderung oder Umwandlung in dem Empfindenden selbst und zwar eine Bewegung der inneren Teile der Sinnesorgane unsres Körpers ist (vol. IV, ch. II, Abschnitt IX: as in vision, so also in conceptions that arise from other senses, the subject of their inherence is not in the object but in the sentient). Als Beispiel dafür führt er unter anderen den durch heftigen Schlag oder Druck im Auge hervorgerufenen Lichtreiz an (vol. IV, ch. II, Abschnitt VII: all apparition of light is really nothing but motion within). Da nun eine Bewegung nur wieder durch einen bewegten und berührenden Körper hervorgerufen wird, so muss notwendig als unmittelbare Ursache der Empfindung oder Wahrnehmung der auf den äusseren Teil des betreffenden Sinnesorgans durch unmittelbare Berührung übermittelte Druck aufgefasst werden, der sich den früher aufgestellten Gesetzen entsprechend als Druck bis zum innersten Teil des Organs im Augenblick fortpflanzt. Wir sehen hier, dass Hobbes auch schon der Schwierigkeit einer Analyse der Empfindungen des Gefühlssinns Rechnung trägt, indem er seine sämtlichen Sinnesempfindungen auf Erscheinungen des Tastsinnes reduciert, alle sind es nur Druckerscheinungen. Möglicherweise ist er zu dieser Auffassung gekommen, weil uns die Qualitäten der Druckempfindungen am unmittelbarsten Aufschluss über die allgemeinen physikalischen Eigenschaften der Körper geben. Der auf das äussere Organ ausgeübte Druck postuliert einen entfernteren äusseren Körper, und der Schlussstein dieser den Druck vermittelnden Körper bildet das wahrgenommene Objekt selbst. Das allen Körpern gemeinsame Restitutionsvermögen lässt auch durch die von aussen vermittelst des Sinnesorgans bis zum innersten Teile desselben sich fortpflanzende, und wenn auch noch so kurz dauernd, dort ein Bild oder eine Idee ihres Ursprungs hervorrufende Bewegung, ein nach „aussen" gerichtetes Streben (endeavour) des Organs und dadurch die Vorstellung eines „äusseren Objekts" entstehen. Dabei wird aber nur dasjenige nach aussen gerichtete Streben Empfindung genannt, was in den einzelnen Zeiten durch Vehemenz kräftiger und vor den übrigen vorherrschender wird (de corp. XXV, 6). So dass sich als Definition der Empfindung nach Hobbes ergiebt: Sense is a phantasm, made by the reaction and endeavour outwards in the organ of sense, caused by an endeavour inwards from the object, remaining for some time more or less (de corp. XXV, 2). Indem er so als Subjekt der Empfindung den Empfindenden selbst bezeichnet, als Objekt das wahrgenommene Ding, ist es nur korrekt, wenn er es als richtiger hinstellt, zu sagen, „ein lebendes Wesen sieht", als „das Auge sieht", und „man sieht die Sonne" als „man sieht das Licht", weil Licht, Farbe, Wärme, Schall und andere wahrnehmbare Qualitäten nur Vorstellungen in dem Empfindenden selbst sind, und eine Wahrnehmung nur ein Empfindungsakt ist, der sich von der Empfindung selbst wie fieri von factum esse unterscheidet. Dasjenige, was wirklich in der Welt ausser uns existiert, sind jene Bewegungen, welche die Empfindungen verursachen, und somit einmal zur Sinnestäuschung, dann aber auch zur Klärung dieses Irrtums hinführen (vol. IV, ch. II, Abschnitt X). Da die Empfindungen nur vermittelst der Sinnesorgane entstehen, wird eine Verletzung derselben auch das Entstehen der Empfindung verhindern. Die Frage nach der physiologischen Beschaffenheit der Organe selbst beantwortet Hobbes dahin, dass sie aus gewissen Lebensgeistern (spirits: cfr. Descartes, Dioptr. 1637, disc. IV, p. 30; Hobbes, de homine I, 2) und Häuten bestehen, welche letzteren als Fortsetzung der pia mater (der Hirnhaut) das Gehirn, die

Nerven, das Herz und die Arterien umfassen. Da nun Hobbes die alte peripatetische Auffassung (cfr. Ritter III, p. 273 flg.), „das Herz als Quelle aller Empfindung" wieder zu der seinigen macht, so wird auch das Entstehen der Wahrnehmung eines Objekts eng mit der ununterbrochenen Übermittelung der Bewegung vom Gehirn nach dem Herzen verbunden sein. Dem Einwande, dass nach dieser Auffassung jedes Ding, welches reagiert, auch Empfindung haben würde, begegnet Hobbes mit der Annahme der Empfindung als eines Urteils, das wir uns über die Gegenstände durch Vergleichung und Unterscheidung ihrer Bilder machen. Notwendig ist damit eine vergleichende Erinnerung früherer und späterer Bilder und eine Verschiedenheit derselben verbunden, es hat also das Urteil in der Erinnerung an die Verschiedenheit der eine Zeitlang verharrenden Einzelvorstellungen seinen Grund (de corp. XXV, 8), denn es würde dasselbe bedeuten, gar nichts zu empfinden oder immer dasselbe zu empfinden (de corp. XXV, 5). Zugleich liegt in der Empfindung als einer Bewegung die Möglichkeit, nur ein Ding auf einmal wahrzunehmen, und Hobbes musste besonders dieses als Charakteristikum der Empfindung betonen, weil nach ihm der Teil des Empfindungsorgans, welcher die Bewegung vom Gehirn nach dem Herzen übermittelte, allen Organen gemeinsam ist und sich somit, durch eine bestimmte Empfindungsbewegung in Anspruch genommen, gegen die Annahme einer anderen sträubt. Daraus erklärt sich auch die Erscheinung, dass ein angestrengtes Beschäftigen mit einem Objekt die Wahrnehmung gegen alles Andere in der Umgebung für kurze Zeit aufhebt oder wenigstens abstumpft. Zugleich hängt damit die Unterscheidung der Bewegungen unsrer Sinnesorgane in Empfindung und Vorstellung (fancy) zusammen. Wir sprechen von Empfindung, solange das Objekt gegenwärtig ist, und nennen das nach Entfernung des Objekts zurückbleibende Bild eine Vorstellung (fancy oder memory). Weiter werden die Imaginationen als abnehmende Empfindungen charakterisiert, indem das Organ durch andere gegenwärtige Objekte affiziert wird und jene Phantasmen weniger hervortreten können (cfr. de corp. XXV, 7, p. 396; vol. IV engl. ch. III, part. 1, p. 9 u. part. VII, p. 12). Eine undeutliche Auffassung stellt das fragliche Objekt als Gesamtheit dar, aber keinen der kleineren Teile durch sich selbst, so dass, wenn auch die Auffassung des Begriffs bei der ursprünglichen Erzeugung zugleich mit den Teilen des Objekts deutlich war, wir bei dem

Wiederhervorrufen des Begriffs die Empfindung von etwas Fehlendem, was wir erwartet, bekommen, und dadurch den Begriff für einen früheren abgeschwächt halten. Den Grund dafür sucht Hobbes in der durch kontinuierliche Einwirkung (action) der Objekte herbeigeführten Ermüdung des Organs, dessen Teile durch die Spirits nur mit Mühe bewegt werden, während zugleich eine Erschlaffung der Nerven und ein Zurückziehen der Spirits nach der Hirnhöhle oder dem Herzen stattfinde, und erst nach Erfrischung des Organs durch Ruhe und Stärkung desselben durch neue Spirits das Empfindende wieder erwache (de corp. XXV, 7). Das Hervorgehen der verschiedenartigsten, scheinbar heterogener Vorstellungen auseinander hat seinen Grund in dem Zurückbleiben der durch die Mannigfaltigkeit der Objekte im Sinnesorgan erzeugten Bewegungen (cfr. über habit p. 90), welche, sobald die eine derselben über die andere vorherrschend zu werden beginnt, die ganze Kette der Vorstellungen in der früheren Folge nach sich zieht, so dass bei der grossen Menge der in uns vorhandenen Vorstellungen beinahe jeder Gedanke aus jedem anderen hervorgehen kann und eine zufällige Folge derselben vorhanden zu sein scheint (cfr. W. Wundt, physiol. Psychologie, II. Teil, p. 365). Dieses Aufbewahren früherer Begriffe vermittelt gleichsam ein sechster Sinn, das Gedächtnis (remembrance, vol. IV, ch. III, part. 6). Die Entscheidung über die von einer Bewegung ausgehende Reihe der Vorstellungen bezüglich der gewünschten Endvorstellung fällt die Erfahrung (experience), d. h. eine Erinnerung daran, was für Folgen gewisse vorangegangene Vorfälle gehabt haben (vol. IV, ch. IV, Abschnitt 6). Und diese ist es auch, welche einen relativen Schluss auf die Zukunft (we make remembrance to be the prevision of things to come, or expectation or presumption of the future), eine Muthmassung (conjecture) aus dem Vorangegangenen zulässt (vol. IV, ch. IV, 7, 8). Hierin liegt zugleich der Grund für die Annahme der Zeichen (signs). Der Unterschied zwischen Phantasie (fancy) und Erinnerung (memory) gründet sich also nicht auf die Dinge selbst, sondern auf die Betrachtungen von Seiten des Wahrnehmenden; bei der Erinnerung scheinen sich die Vorstellungen mit der Zeit abzuschwächen, aber in unsrer Phantasie betrachten wir dieselben, wie sie sind. Das fortwährende Entstehen von Vorstellungen im Sinn und in der Imagination ist das den Menschen mit anderen lebenden Kreaturen gemeinsame Urteilen (discourse of mind), d. h. eine Vergleichung der nach und nach entstehenden Vorstellungen (vol. IV, ch. IV, Abschnitt 2, 3, 4, 5).

Interessant sind noch die von Hobbes über den Traum und die dabei auftretenden Vorstellungen angestellten Betrachtungen. Er fasst den Traum auf als eine Reproduktion früherer Vorstellungen und will das Entstehen derselben im Grunde aus Reizungserscheinungen der einzelnen Organe, der inneren Teile des Menschen, sowie des Herzens auf das Gehirn herleiten (cfr. damit W. Wundt, physiol. Psychologie p. 178, 179), zugleich aber lässt er auch Sinneseindrücke percipiert und appercipiert werden, nur dass die reproducierten Vorstellungen im Bewusstsein einen hallucinatorischen Charakter tragen und Illusionen verursachen, andrerseits auch die Apperception eine veränderte ist, so dass seine Auffassung der Träume annähernd mit der jetzigen zusammenfällt, ja er erfasste eigentlich den modernen Begriff der Hallucinationen fast vollständig, demzufolge „Hallucinationen" reproducierte Vorstellungen sind, die sich von den normalen Erinnerungsbildern nur durch ihre Intensität unterscheiden (cfr. W. Wundt, physiol. Psychologie II, p. 353 u. 362). Den Mangel an Ordnung und Zusammenhang in den Vorstellungen der Träume begründet er mit der zufälligen, meist zusammenhangslosen Aufeinanderfolge der Vorstellungen (vol. IV, ch. III, Abschnitt 3), und da nach Sistierung der Empfindung keine neue Bewegung von Seiten des Objekts uns entgegentritt, müssen die Träume notwendig das aus früheren Vorstellungen der Sinne Zusammengesetzte enthalten. Doch kann auch die zufälligerweise in einigen Organen zurückbleibende Empfindung das Entstehen von Träumen bedingen. Er ist der Meinung, dass, wenn irgend eine innere Bewegung des Herzens die Pia mater trifft, diese vorherrschende Bewegung im Gehirn eine Vorstellung entstehen lässt. Die dem Herzen eigentümlichen Bewegungen sind Begehren und Widerstreben (appetites and aversions); wie diese nun ihren Ursprung in Vorstellungen haben, so würden auch umgekehrt Vorstellungen aus den Bewegungen des Herzens hervorgehen, und in solcher Weise die Bewegungen des Herzens und des Gehirns aufeinander zurückwirken. Die Vorstellungen im Traume sind ferner denjenigen im Wachen an Deutlichkeit gleich, weil einmal durch das Fehlen aller anderen äusseren Eindrücke die eine Vorstellung hervorrufende innere Bewegung am deutlichsten hervortritt (sleep is the privation of the act of sense, the power remaining; vol. IV, ch. III, Abschnitt 2), und andrerseits Lücken oder abgeschwächte Partien unsrer Vorstellungen durch andere, erdichtete Teile derselben (fictions of mind) sofort ersetzt werden (vol. IV, ch. III, 4). Was endlich den Umstand betrifft, dass wir uns im Traume über die unwahrscheinlichsten und ungeheuerlichsten Vorstellungen nur selten wundern, so beruhe das darauf, weil im Schlafe alle Dinge als gegenwärtig erscheinen (de corp. XXV, 9), und die Deutlichkeit der Begriffe im Traume jedes Misstrauen benimmt, wenn nicht die Absonderlichkeiten gar zu überraschend sind (vol. IV, ch. III, Abschnitt IX). Aus eben dieser Deutlichkeit der Begriffe im Traume erklärt sich auch die Fortsetzung der Traumvorstellung während des Wachens, weil bei der Annahme der Dinge in gewohnter Reihenfolge am gewohnten Orte, mit allen notwendigen Teilen leicht eine Täuschung möglich ist (vol. IV, ch. III, p. 14; cfr. W. Wundt, physiol. Psychologie II, p. 367, 368). Noch erwähnt Hobbes die bisweilen im Auge auftretenden Nachbilder als durch heftige und lang andauernde Reizung (action of sense) des betreffenden Organs hervorgerufen und nennt endlich „Phantasmen" die besonders im Dunkeln vor den Augen erscheinenden kleinen Bilder, die wir mit dem Namen „Visionen" belegen (vol. IV, ch. III, 5).

Die Sinnesempfindungen werden uns durch die fünf Sinne vermittelt, deren Organe teils gemeinsame, teils getrennte Teile besitzen. So besteht nach ihm das Auge aus belebten und unbelebten Teilen. Unbelebt sind die drei Feuchtigkeiten: die wässrige Feuchtigkeit, eingeschlossen von der uvea, den Ciliarfortsätzen und der Linsenhaut; die krystallinische Feuchtigkeit von sphärischer Gestalt, gehalten von den Ciliarfortsätzen, allseitig von einer durchsichtigen Haut umgeben, und die glasige Feuchtigkeit (Glaskörper). Als belebte oder beseelte Teile des Sehorgans bezeichnet er die Aderhaut (membrane choroides) als Teil der Pia mater, bedeckt von der Retina, ausgehend vom Marke des optischen Nervs. Diese Aderhaut (vgl. damit Kepler's Ansicht in Priestley, Geschichte der Optik, I, p. 33) denkt er sich fortgesetzt bis zum Beginn des Rückenmarks in der Hirnschale, dem gemeinsamen Eintrittspunkte aller im Kopfe endigenden Nerven sowohl als auch der animal spirits. Diese „animal spirits" werden als blosse Lebensgeister (vital sp.) aufgefasst, welche durch das Herz gereinigt von den Arterien bis nach dem Ursprunge der Nerven im Kopfe weiter geführt werden. Diese Arterien bilden das Komplement des ganzen Sehorgans, und sind ausserdem allen übrigen Sinnesorganen gemeinsam. Möglich ist es, dass Hobbes bei Abfassung dieser Betrachtungen die Entdeckungen Leuwenhoeck's (cfr. Whewell, III, p. 475) über die Krystalllinse des Auges gekannt hat, mehr Wahrscheinlichkeit hat es für sich, dass er sein anatomisches Wissen grösstenteils Harvey verdankt. Hobbes' sonstiges Wissen nach dieser Richtung ist nur bescheidener Art. So bezeichnet er als eigentliches Hörorgan das Trommelfell und dessen eigenen Nerv, während Nervenhäute (nervous membranes) am Gaumen und der Zunge dem Geschmack, in den Nasenlöchern dem Geruch, endlich gewisse über den ganzen Körper hin zerstreute Nerven und Häute, dem Gefühl dienen. Notwendigerweise musste er sich zu einer solchen Annahme bequemen, weil nur auf diese Weise nach der damaligen Anschauung eine Erklärung der Empfindung als in Bewegung bestehend möglich war. Besonders betont er noch, dass alles andere zur Empfindung gehörige durch die Arterien, nicht die Nerven vermittelt werde. Ausser diesen von den Objekten in den Organen hervorgerufenen Wirkungen will er noch eine von der Empfindung ausgehende animalische Bewegung, die besonders zur Verstärkung der erzeugten Ideen dient, angenommen wissen (de corp. XXV, 10, 11, p. 402—406). Jenachdem die vom äusseren Teile eines Sinnesorgans nach dem Herzen hin sich fortpflanzende Aktion die zum Leben notwendige Bewegung desselben hindert oder unterstützt, wird dadurch die Empfindung des Unbehagens (Unruhe, Kummer u. s. w.) oder des Behagens hervorgerufen, und zwar scheinen dieselben auf Grund des nach innen gerichteten Strebens im Organ selbst zu liegen (vol. IV, ch. VII, p. 31). Eine zum Leben notwendige Bewegung ist diejenige des Blutes in den Arterien und Venen, dessen fortwährende Cirkulation von Harvey zuerst beobachtet und gezeigt worden ist. Und man muss es Hobbes als grosses Verdienst anrechnen, dass er dieser Auffassung ohne jeden Vorbehalt beitrat, während eine grosse Anzahl der damaligen Ärzte sich gegen die Annahme desselben sträubten. Unterstützen einander die Lebensbewegung und die von den Sinnen herrührenden Bewegungen, so entsteht jenes schon am Embryo beobachtete Streben nach dem, was angenehm ist, das Begehren (appetite), ein Annähern, was wir als einfache Triebbewegung auffassen können (W. Wundt, physiol. Psychologie II, p. 383 flg.), und wenn es beschwerlich erscheint, Widerstreben (aversion). Wesentlich werden dieselben mit durch die Erfahrung bedingt, wie sich das an der geringen Zahl der Begehren bei kleinen Kindern zeigt, deren willkürliche (animate) Bewegungen denjenigen Erwachsener an Zahl bedeutend nachstehen. Doch bleibt als fest bestehen: „Appetite and aversion are the first endeavours of animal motion." Folge dieses ersten Antriebs (endeavour), dieser einfachen Triebbewegung, ist eine Reizung der Nerven und ein Zurückziehen der Lebensgeister zu ihrer Centralstelle im Gehirn, gefolgt von einem Anspannen und Schlaffwerden der Muskeln und dem damit verbundenen Zusammenziehen und Strecken der Glieder (animal motion; vol. IV, ch. VII, 10, 12). Die Unterscheidung in Begehren und Widerstreben gilt nur solange, als keine Überlegung dabei in Frage kommt. Aus der während der Abwechselung von Begehren und Widerstreben stattfindenden Überlegung geht als letzter Akt desselben bei vorherrschendem Begehren der Wille (of liberty and nec. p. 273 in vol. IV) hervor, andernfalls Widerwille, so dass ein und dasselbe nur mit Rücksicht auf die Überlegung als Wille und als Begehren aufgefasst werden kann. Ganz richtig fasst Hobbes so den Willen als eine Bewusstseinsthatsache auf und betont auch bei der Freiheit des Willens lediglich die Thatsache der Wahl als psychologisches Motiv, indem er unter Freiheit die Fähigkeit oder Kraft (faculty or power) versteht, zu thun was man will (of lib. and nec. vol. VII, p. 273 flg.), und sie in dieser Auffassung sowohl den Menschen als anderen lebenden Wesen zugesteht, von einer unbedingten Autonomie des Willens (wie es Descartes thut) und einer von jeder Notwendigkeit befreiten Freiheit des Willens absieht, und sich so auf den Boden eines Spinoza stellt, der die unbedingte Autonomie des Willens als widersprechend zurückweist (W. Wundt, physiolog. Psychologie, II, p. 399). Aus eben dieser Reihe der Begehren und Widerstreben leitet Hobbes auch Hoffnung und Furcht ab, jenachdem die Überlegung im raschen Wechsel der aufeinander folgenden Begehren und Widerstreben sich bald dem einen, bald dem andern zuwendet. Gleichenfalls setzt er die Leidenschaften (vol. IV, ch. IX) der Seele daraus zusammen, so dass z. B. beim Ärger mit der Abneigung gegen ein drohendes Übel das Bestreben, dieses Übel durch Gewalt zu meiden, verbunden ist (de corp. XXV, 12), räumt aber dem reinen Vergnügen und dem reinen Schmerz eine besondere Stellung ein.

Die Welt und die Sterne.

Hobbes betrachtet die Welt als den grössten aller wahrnehmbaren Körper und begegnet den Fragen über Grösse und Anfang der Welt mit dem Einwande, dass das nicht Sache des Philosophen, sondern des Theologen sei (de corp. ch. XXVI, 1, p. 414), zugleich erklärt er sich bezüglich dieser Punkte mit der Bibel in Übereinstimmung (de hom. cap. I, 1). Die Auffassung der Welt als eines Unendlichen ist nach ihm dem Menschen unmöglich, weil derselbe selbst endlich, nur endliche Vorstellungen hat und ein unendlicher Kausalregressus ihm nicht denkbar ist. Notwendig wurde Hobbes nach seiner Theorie der Vermittelung der Bewegung durch unmittelbare Berührung (übereinstimmend mit Descartes, Dioptr. p. 42) zu der Annahme gedrängt, die Welt als voll zu betrachten, und von diesem Gesichtspunkte aus sucht er, zugleich den Druck der Luft negierend oder wenigstens nicht berücksichtigend, alle die unter der Annahme eines luftleeren Raums erklärten Erscheinungen anders abzuleiten und sogar zur Widerlegung dieser Annahme zu benutzen, indem er sie auf die lebhafte Cirkularbewegung der Luft zurückführt (vol. IV, Dial. phys. de nat. aeris p. 233 flg.; vol. VII, ch. I, p. 13; III. probl. of vac., u. Decam. phys. ch. III, p. 89 flg.; de corp. XXVI, 2, 3). Zugleich sieht man aber dabei auch, dass er sich nicht eine klare Vorstellung vom Drucke der Flüssigkeiten, wie es seiner Zeit Robert Boyle (geb. 1626, gest. 1691) durch seine hydrostatischen Paradoxen (cfr. Whewell, vol. I, p. 306) nach dieser Richtung hin that, gebildet hatte und auch nie gebildet hat (de corp. XXVI, 4; XXX, 6, p. 515). Ebensowenig ist er sich über die Dampfbildung klar, wie es sich unter anderem an seiner Erklärung des kochenden Wassers im evakuierten Raume zeigt (vol. VII, ch. III, p. 22; Whewell II, p. 537; Fischer, II, p. 175). Wenn er annimmt, dass die in einem umgekehrt in Wasser getauchten Glase befindliche Luft bis zu einem gewissen Grade zusammengedrückt würde, dann aber nach den Rändern des Glases hin sich durch die Flüssigkeit hindurchdränge, so ist das erstere, schon von Bacon angenommene (Fischer, I, p. 89) nur dann möglich, wenn man mit Hobbes voraussetzt, dass die Luftpartikelchen, zusammengepresst oder nicht, immer denselben Raum einnehmen (vol. IV, lat. p. 276), das andere falsch. Ebenso ist es nicht richtig, wenn er meint, dass der Druck des Wassers nicht mehr wachse, sobald sich das Gefäss ganz unter dem Wasserspiegel befindet, „weil das natürliche Streben des Wassers nach unten und die Kraft, welche man zur Durchdringung des Wassers bis zu einer grösseren Tiefe anwenden muss, sich das Gleichgewicht hielten" (de corp. XXX, 6, p. 515), dabei immer auf der Meinung beharrend, dass Luft in Luft, Wasser in Wasser nicht drücke (Fischer I, p. 437; Hobbes, vol. VII, ch. 1, p. 13; vol. IV, lat., p. 269). Jedenfalls hat er von den Untersuchungen Pascal's, welche derselbe 1653 in einer Abhandlung „von dem Gleichgewicht der Flüssigkeiten" darlegte, und worin er zeigte, dass die in einem Gefäss eingeschlossene Flüssigkeit nach allen Richtungen denselben Druck ausüben müsse, keine Kenntnis (Whewell, vol. II, p. 71). Es ist nur konsequent, wenn er auch den Torricelli'schen Versuch (1643) (cfr. vol. VII, decam. phys. ch. III, p. 92 flg.) in entsprechender Weise zu erklären versucht und denselben lediglich auf die Annahme zurückführt, dass die ganze Welt voll von Luft sei und somit das aus der umgekehrten Glasröhre bis zum Niveau von 750 mm abfliessende Quecksilber so auf die äussere unelastische Luft drücke, dass sich diese durch das Quecksilber hindurch nach dem leeren Raum der Röhre dränge; weil aber das Quecksilber nicht in jeder Höhe Kraft genug besitze, eine derartige Durchdringung zu verursachen, es stehen bleiben müsse, bis der nach unten gerichtete Druck und der Widerstand der Luft im Gleichgewicht sind. Auch bei den Kapillarerscheinungen bleiben Adhäsion und Kohäsion ganz bei Seite (Dec. phys. ch. V, p. 116), während er die Tropfenbildung auf ebenen Platten richtig aus der Kohäsion der Teilchen ableitet (ibidem ch. VIII, p. 151). Wahrscheinlich ist er zu seinen Ansichten durch das Bestreben geführt worden, den allseitigen Druck der Luft auf unsern Körper und das Gleichgewicht der über uns stehenden Luft unter der Voraussetzung, dass die ganze Welt voll ist, zu erklären. Er lässt dabei die Elasticität und Schwere der Luft ganz unberücksichtigt, oder sagt wenigstens, dass ein Gewicht der Luft nur von den der Luft beigemengten festen oder flüssigen Körperchen (Staub, Wasser) herrühren könne (de corp. ch. XXX, 3, 9, 10), und doch waren es gerade diese Beide, welche die Aristoteliker zur Aufstellung des horror vacui führten. Auch hatte schon Galilei gelehrt, dass die Luft ein bestimmtes Gewicht hat, und Baliani (1630) schrieb: „Wenn wir im leeren Raume uns befänden, so würde uns das Gewicht der Luft über uns sehr fühlbar werden", sogar Descartes setzt in einem Briefe vom Jahre 1631 die Ursache der Suspension des Quecksilbers in einer oben verschlossenen Röhre in den Druck der Luftsäule, die bis zu den Wolken reicht; Pascal endlich lieferte 1647 den experimentellen Nachweis, dass man durch Besteigung eines Berges die Höhe der unter uns stehenden Luftsäule ändert, damit auch der Druck ein anderer wird (Whewell, vol. II, p. 73, 74). Hobbes vertrat seine Meinung unerschütterlich, um so mehr, da die von ihm über Licht und Schall beim evakuierten Raum gemachten Beobachtungen diese noch zu bestätigen schienen (vol. VII, ch. III, probl. of vac. p. 21).

Als „schwere" Körper werden diejenigen aufgefasst, welche, wenn sie durch nichts gehindert werden, von selbst (by their own accord) nach dem Centrum der Erde, und zwar durch die Anziehung derselben, hinfallen (de corp. XXX, 2; vol. VII, sev. phil. probl. ch. I, p. 7; dec. phys. ch. VII, VIII). Hobbes begnügt sich aber nicht damit, wie Galilei, diese Kraft anzunehmen und aus der Beobachtung ihrer Natur zu bestimmen, sondern will eine Herleitung derselben aus der Bewegung versuchen. Er ist sich aber noch nicht ganz über die Natur der Schwere klar, denn er legt in seiner Untersuchung die Frage vor: Woher es komme, dass einige Körper schneller, andere langsamer fallen (de corp. p. 511). Unter der Voraussetzung, dass die Welt ganz voll ist und durch die tägliche Bewegung der Erde die Luft leichter vorwärts getrieben wird, als ein fester Körper, kommt er zu der Folgerung, dass der Druck der Luft, der sich in jedem Augenblick wieder erneuere, das Herabsteigen des Steins und sein beschleunigtes Fallen verursache (vol. VII, sev phil. probl. p. 9). Diese Auffassung lässt ihn die Folgerungen ziehen, dass die Schwere der Körper nach den Polen hin abnimmt (ibidem, p. 11), wofür er den Beweis in den nach den Polen zu grösser werdenden Schneeflocken sieht. Die ferneren über die Beschleunigung aufgestellten Sätze verdankt er jedenfalls der Beschäftigung mit Galilei's Dialogen, die er selbst erwähnt. Wie aber seine Erklärung der Anziehung nur als unrichtig bezeichnet werden kann, so ist er auch bei den Erscheinungen des Druckes in Flüssigkeiten, am Heronsball, der Windbüchse u. s. w. nicht glücklicher gewesen (de corp. XXX, 6, 7, 8, 9, 10; vol. VII, sev. phil. probl. p. 13; decam. phys. p. 140 flg.). Die von ihm beschriebene Einrichtung eines Thermometers (oder wie er selbst sagt Thermoskop) ist das schon von Bacon unter dem Namen calendrae vitrum dargestellte Drebbel'sche Luftthermometer, aber es gelingt ihm hier auch nicht, die daran beobachteten Vorgänge zufriedenstellend zu erklären (Fischer, vol. 1, p. 217; Hobbes, de corp. XXX, 12).

Hobbes fasst die Welt auf als Aggregat aller festen, sichtbaren (Erde, Sterne) oder unsichtbaren durch den Himmelsraum zerstreuten Körper und denkt sich alle übrigen Teile des Universums von „jenem am meisten flüssigen Äther" ausgefüllt, der keine einzige leere Stelle zulässt (de corp. p. 426; Ritter, III, p. 253). Zugleich bekennt er sich zu der von Kopernikus in seinem Werk „de revolutionibus etc." (cap. 10, p. 23 flg.) niedergelegten Reihenfolge der Weltkörper, derzufolge sechs Planeten sich um die Sonne bewegen und die Fixsterne verschiedene Entfernungen von der Sonne besitzen. Auch legt er der Sonne und den Planeten, wie schon früher erwähnt, der peripatetischen Lehre analog und wiederum im engen Anschluss an Kopernikus (de revol. lib. 1, cap. 4) eine einfache kreisförmige Bewegung bei (cfr. Whewell I, p. 56, 153, 389, 390), und lässt dem Luftkörper (als solchen muss er die Luft auffassen, weil dieselbe die ganze Welt erfüllt; zugleich weist er ihr aber eine Ausnahmestellung zu, wenn er sagt: „the earth attracted all kind of bodies but air; Decam. phys. ch. X, p. 169; de corp. XXX, 14) für unsre Sinne nicht wahrnehmbare, mit eigner einfacher Bewegung begabte kleine feste Körper beigemischt sein (de corp. p. 427). Seiner Auffassung nach würde aber, wie Newton an der Descartes'schen Hypothese zeigte, die Bewegung der Himmelskörper ebenfalls bald ihr Ende erreichen (Montucla, II, p. 606). Hobbes' Vorliebe für geometrische Beziehungen bewog ihn auch zur Annahme der von Kepler zwischen den Entfernungen von Sonne, Mond und Erde und dem Erdhalbmesser aufgestellten Verhältnisse, denen zufolge die Entfernung des Mondes von der Erde mittlere geometrische Proportionale zwischen der Entfernung der Sonne von der Erde und dem Erdhalbmesser wäre, deren Unrichtigkeit schon aus der Kepler'schen Annahme der Sonnenparallaxe gleich 1' ersichtlich ist (de corp. XXVI, Abschnitt 5,5; Whewell I, p. 414—1418; Littrow, p. 371 flg., p. 729 flg.). Bezüglich der Grösse der Planetenbahnen (Kreise) und der Umlaufszeiten beschränkt er sich auf die kurze Angabe, dieselben den in Frage kommenden Erscheinungen am zweckdienlichsten anzunehmen. Auch wegen der Betrachtungen über die verschiedenen Jahreszeiten, sowie über Tag und Nacht verweist er nur auf Kopernikus, Kepler, Galilei. Mit dem Ersteren leitet er die tägliche Umdrehung der Erde aus der die Äquinoktialkreise bedingenden jährlichen Bewegung derselben her, indem er zugleich mit Kepler der Sonne eine gewisse Kraft beilegt, durch welche sie alle Planeten um sich herumführt (Whewell, vol. II, p. 133; Hobbes VII; decam. phys. cap. IV, p. 99), und als Zweck der beiden jährlichen Bewegungen die Parallelität der Erdachse bezeichnet (cfr. Kopernikus, de revol. cap. II, p. 28 flg.; Whewell I, p. 388, 389; Decam. phys. IV, p. 96, 97), welche er zugleich mit der einfachen jährlichen Bewegung der Erde im Beweise auf die einfache Bewegung der Sonne zurückführt. Dieselben Principien will er auf die Mondbewegung angewandt wissen. Die Annahme einer einfachen Bewegung der Sonne in einem Epicykel mit ihren Folgen sucht er durch Beweise aufrecht zu erhalten (de corp. XXVI, 7, p. 430—434; Decam. physch. IV, p. 107), unbekümmert um die über das Planetensystem von Kepler gemachten Entdeckungen, nach denen die Kreise und mit ihnen alle gleichförmigen Bewegungen der Planeten gänzlich wegfallen (Littrow, 1. Abt., Kap. IX, § 134). Doch beging er denselben Fehler wie Kepler, indem er nicht zeigte, wie die Sonne in der Entfernung die der Erde eigentümliche, geneigte Bewegung erzeuge (Decam. phys. ch. IV, p. 104) und wenn er auch ein Beispiel dafür anzuführen versuchte, so musste er zu seiner Erklärung immer wieder neue Annahmen machen (the earth is a bullet without weight, decam. phys. cap. IV, p. 99, 100; Whewell II, p. 133). Er spricht, übereinstimmend mit Kepler, von einer Excentricität der Erde, die er für den Fall, dass die jährliche Bewegung in einem vollständigen Kreise stattfinde, in de corp. XXVI, 8, p. 433, 433 bestimmt und zugleich die Gründe für Aphelium und Perihelium, wenn auch unzulänglich (ibid. p. 434), angiebt. Er sieht diese Excentricität im Unterschiede ihrer Teile und der daraus hervorgehenden verschiedenen Anziehung derselben durch die Sonne gegründet, muss aber seiner ursprünglichen Ansicht der Bewegung analog die Auffassung dieser Anziehung als einer magnetischen Kraft entschieden zurückweisen (eine unmittelbare Wirkung in die Ferne ist unmöglich; de corp. XXVI, p. 434; decam. phys. ch. IV; Kepler, Epitome. Astr. copern. S. 176; Whewell I, p. 19). Ebensowenig will er die Ähnlichkeit der Körper als Ursache ihrer gegenseitigen Anziehung gelten lassen, wendet sich aber nicht gegen den Hauptirrtum des Kepler'schen Versuchs, die Bewegung der Planeten um die Sonne durch eine Centralkraft zu erklären, indem Kepler voraussetzte, dass eine fortwährende Tangentialkraft (Transversalkraft) der Sonne nötig sei, um eine solche Bewegung hervorzubringen (Whewell II, p. 82). Noch folgt nach Hobbes aus der Excentricität der Erde die Erscheinung, dass ihre Bahn eine Ellipse oder elliptische Linie und die Parallelität der Erdachse nur in den Äquinoktialpunkten vorhanden ist (Littrow, III. Abt., Kap. XI, § 115, 116, 117). Dass der Mond während seiner Bewegung um die Erde uns immer ein und dieselbe Seite zeigt, erklärt er ganz richtig daraus, dass durch die gleichzeitige Einwirkung von Erde und Sonne auf den Mond die Rotation desselben um seine Achse seiner Revolution um die Erde gleich ist (de corp. XXVI, 9; Decam. phys. ch. IV, p. 106), so dass also der von Newton gethane Ausspruch: „Der Mond zeigt uns immer dieselbe Seite, also dreht er sich um seine Achse" schon hierin mit enthalten ist. Die scheinbaren Librationen des Mondes dagegen führte er auf die Stellung desselben zur Ekliptik zurück, ohne genauer darauf einzugehen (Littrow, I. Abt., Kap. XI, § 163; III. Abt., Kap. XI, § 109; Hobbes, de corp. p. 437). Eingehender behandelte er die Erscheinungen der Ebbe und Flut, deren Ursprung von ihm in den drei einfachen Bewegungen der Sonne, des Mondes und der Erde und der täglichen Umdrehung der Erde gesucht wird. Zugleich weist er der Westküste von Amerika (Decam. phys. ch. V, p. 110; de corp. ch. XXVI, p. 437) die Rolle einer Stauvorrichtung zu. Er nimmt an, dass die Wassermassen des Meeres mit ihren Becken an der Rotation der Erde teilnehmen, dass aber die unter der Mondbahn befindlichen Teile derselben eine Anziehung von Seiten des Mondes, ein Herausheben aus ihrem Niveau erfahren und somit eine grössere Geschwindigkeit erhalten. Diese Bewegung glaubt er nun an der südlichen Küste Amerikas sich stauend und dadurch dort ein ununterbrochenes Anschwellen und Herabsinken erzeugend, das sich über den Atlantischen Ocean und über die Südsee hin ausbreitet. Ein Zusammentreffen der Mondbahn mit den Äquinoktialpunkten dient zur Verstärkung der Erdbewegung und damit dieser Erhebung, wie auch Springfluten bei Neu- und Vollmonden grösstenteils nur auf dem Zusammenwirken von Mond und Sonne beruhen. Dabei werde die zwischen diesen Weltkörpern befindliche Luft durch diese Bewegung nach den Polen hin zurückgedrängt und damit eine zu starke Annäherung der Weltkörper untereinander vermieden (vol. VII, sev. phil. probl. ch. II; decam. phys. ch. V, p. III). Indem er nun die Entfernung des Mondes von der Erde gleich 59 Erdhalbmessern und seine Umlaufszeit ungefähr gleich 29 Tage annahm, gelangte er zu der angenäherten Dauer eines Mondtages von $24^h\ 15^m$ (gegenüber unserer Annahme von $24^h\ 50^m$ Hobbes, de corp. XXVI, 10, p. 439; Decam phys. ch. V, p. 110, 111; Littrow, III. Abt., Kap. X, § 100). Er sprach noch besonders auch dem Mond die Fähigkeit zu, die Regentropfen aufzusaugen, bezeichnete damit also die Mondstrahlen als warm und glaubte diese Meinung durch den in den Konjunktionen von Sonne und Mond gewöhnlich auftretenden Wetterwechsel bestätigt. Für die von Hipparch im 2. Jahrh. v. Chr. entdeckte Präcession der Äquinoktialpunkte, welche in Newton ihren Erklärer fand (Montucla II, p. 620) und wofür d'Alembert und Laplace die Theorie entwickelten, giebt Hobbes ein jährliches Fortrücken von $51''$ (cfr. Wolf, Geschichte der Astron. p. 159) in der umgekehrten Ordnung der Zeichen an, zugleich das entsprechende Fortrücken von Apogäum und Perigäum der Sonne damit verbindend (de corp. ch. XXVI, 11, p. 441 flg.; Decam. phys. ch. IV, p. 103; Copernicus, de revol. lib. III, cap. 2). Bezüglich der Ansicht über die Gründe, die, wie er in de corp. p. 442 anführt, Keplern zur Teilung der Excentricität der Erde bewog, befindet er sich im Irrtum. Kepler gelangte zu seiner Auffassung der Planetenbahnen durch Berechnung der Marsbahn nach sechs verschiedenen Hypothesen, von denen ihm die beiden letzten „physischen" Hypothesen, „die Bahn genau kreisförmig", und „die Bahn genau elliptisch" anzunehmen, zur Annahme einer zwischen Kreis und der früheren Ellipse liegende Ellipse und dadurch endlich zu der längst gewünschten Übereinstimmung zwischen Beobachtung und Berechnung führte (Whewell I, p. 431, 432). Hobbes will aber auch seine Betrachtungen nur als einen Beweis für die Möglichkeit einer Erklärung der betreffenden Erscheinungen auf Grund seiner ursprünglichen Voraussetzungen angesehen wissen (de corp. XXVI).

Licht, Wärme und Farben.

Von den intersiderischen Körpern, nämlich dem Äther und denjenigen Körpern, deren Teile einen gewissen Grad von Kohäsion besitzen, zieht er zunächst den alle Räume erfüllenden Äther in den Kreis seiner Betrachtungen und bezeichnet die durch einfache Cirkularbewegung der Sonne hervorgerufene Abstossung dieser ätherischen Substanz als Ursprung der Lichtbewegung. Er nähert sich mit dieser Annahme der Undulationstheorie und geht mit derselben zugleich von der stabilen Gleichgewichtslage des Äthers beim Fehlen jeder Lichterscheinung aus. Wir sehen so Hobbes gleichzeitig mit Descartes und Hooke die von Huygens in mehreren ihrer Hauptzüge begründete, später allgemein angenommene Theorie mit anbahnen (Hobbes, vol. IV, tract. opt. p. 218, prop. 1; Whewell, II, p. 410, 411). Diese Bewegung pflanzt sich nach den Gesetzen des mechanischen Stosses im Augenblick (vol. IV, tract. opt. prop. III coroll.: Lumen propagatur ad quamlibet distantiam in instante) bis zu unserem Auge und nach dem innersten Teile dieses Organs, dem Herzen fort, dessen nach aussen reagierendes Streben (endeavour) in der Retina endigt, und von uns als Licht oder die Vorstellung eines ausser uns befindlichen leuchtenden Körpers gefasst wird (de corp. XXVII, 2). Hobbes geht aber in der Auffassung dieser retrograden Bewegung nicht so weit wie Descartes, wenn dieser vermöge derselben dem Menschen die Fähigkeit zusprechen will, auch im Finstern zu sehen (Descartes, la dioptr. 1637, p. 5), wenngleich die sonstigen Meinungen Beider über das Licht, das Entstehen desselben u. s. w. viel Ähnlichkeit haben. Nach den dabei zu Grunde liegenden naturphilosophischen Ansichten Hobbes' kann man den Äther lediglich als ein System materieller Teile ansehen, und so weit fällt seine Auffassung wiederum mit den neueren Principien der Undulationstheorie zusammen, doch legt er diesen kleinsten Teilen keine anziehenden und abstossenden Kräfte bei, indem er als besondere Eigenschaft des Äthers immer nur die erwähnt, dass er am flüssigsten ist, also am leichtesten eine Verschiebung seiner Teile zulässt. Hobbes hält aber Äther und Luft nicht scharf auseinander, wenn er behauptet, dass durch die einfache Cirkularbewegung der Sonne eben das von uns Luft genannte Medium in allen seinen Teilen, sogar den kleinsten, so bewegt werde, dass dieselben fortwährend ihre Plätze miteinander vertauschen und nennt diese Bewegung Fermentation (vol. IV, lat. Probl. phys. p. 327 flg.; Fischer II, p. 178 flg.; Boyle, p. 180). Die perpetuierliche Ortsveränderung der flüssigen Teile unsres eignen Körpers und das daraus folgende Herausdrängen derselben (durch die Poren), sowie der Spirits stellt Hobbes als Folge der das Sonnenlicht begleitenden Wärme hin. Und so unterscheiden sich nach ihm Licht und Wärme nur dadurch voneinander, dass das Erstere aus einem geradlinig sich fortpflanzenden Bewegungsantrieb (action) entsteht, die Letztere aus der einfachen Bewegung des Mediums, dessen Teile sie fortwährend ihre Plätze vertauschen lässt (de corp. XXVI, 4). Überraschend tritt uns besonders hier bei der Auffassung von Licht und Wärme die Ähnlichkeit mit der Annahme der neueren Physik über diese Erscheinungen entgegen: „Dieselben Ätherschwingungen, sagt Helmholtz, welche das Auge als Licht fühlt, fühlt die Haut als Wärme, dieselben Luftschwingungen, welche die Haut als Schwirren fühlt, fühlt das Ohr als Ton etc." Werden die Teile eines Körpers gleichzeitig so bewegt, dass sowohl Wärme als Licht entstehen, so nennen wir dieses Bewegungsresultat „Feuer", und im Ferneren spricht Hobbes noch speciell aus, dass dasselbe in besonders lebhaften Schwingungen der Teile des Mediums (nämlich der Luft) beruhe, welche Bewegung sich auf die kleinsten Teile leicht zerstreubarer (brennbarer) Körper nach Aufhebung ihrer Kohäsion überträgt (de p. 451, 452; decam. phys. ch. VI, p. 124; vol. VII, sev. phil. probl. cap. 4). Sonach muss er auch die beim mechanischen Stoss und dem Zerbrechen fester Körper auftretenden Feuererscheinungen auf rasche kreisförmige Bewegungen der kleinsten Teile dieser Körper reducieren (de corp. XXVII, 5; vol. VII, sev. phil. probl. ch. IV, p 30) und das Leuchten der Bologneser Steine (cfr. Priestley II, p. 265; Fischer II, p. 113), der Johanneswürmchen, alten Holzes gleicher Weise auf dieselbe ihnen durch die Einwirkung des Sonnenlichtes gleichsam imprägnierte Bewegung zurückführen (Hobbes, vol. VII, ibidem ch. VI), wie er auch das Leuchten des Seewassers in einer durch den Wind hervorgerufenen Rotation der Salzteilchen sieht (ibidem ch. VII; cfr. Descartes, les mét. disc. III du sel, p. 180). Das bei einer Flamme durch verstärkte Sauerstoffzufuhr hervorgerufene lebhaftere Brennen erklärt er aus dem Freiwerden der in den Körpern befindlichen ätherischen und flüssigen Teile (anklingend an das Stahl'sche Phlogiston), deren Bewegung zur Verstärkung der ursprünglichen Flamme beitrage und durch den vergrösserten Druck auf unser Auge die Vorstellung eines stärker leuchtenden Körpers vermittele, während er andrerseits durch dieses Ausströmen der ätherischen Luftteilchen und Zurückbleiben der harten einen innigeren Zusammenhang der Körper, ein Härten derselben zu erreichen glaubt, und schliesslich das Schmelzen der Körper als ein Streben (endeavour) der einzelnen Teile nach einfacher Bewegung hinstellt (de corp. XXVII, 8; p. 453 flg.). Die Wirkung des Schiesspulvers findet eine entsprechende Deutung (ibidem 10; cfr. Bacon in Fischer I, p. 227), doch muss man bezüglich dessen sowie der späteren Erwähnung über das Kohlengas von Gruben (de corp. XXX, 14; Decam. phys. X, p. 171, de hom. II, 6) in Rücksicht ziehen, dass bei dem damaligen Stande der Chemie eine Verbrennungstheorie kaum angedeutet war (Boyle nennt z. B. das Feuer eine ponderable Materie von unbekannter Natur, cfr. Fischer vol. II, Kap. 4, p. 188 flg.), und noch lange Zeit nach Hobbes bis Lavoisier die phlogistisch-chemische Theorie Stahl's herrschte (Whewell, vol. III, p 119 flg.) Bei der Selbstentzündung feuchten Heu's wird den der Luft beigemengten kleinen festen Körpern der Hauptanteil zugeschrieben (de corp. p. 456), und diese sind es auch, welche bei dem Versuche, Blitz und Donner zu erklären, durch ihre in den Hohlräumen der Wolken gehinderte und deshalb sich gegenseitig steigernde, ihnen eigentümliche Bewegung, diese Hohlräume der „gefrorenen" Wolken gewaltsam durchbrechen, und dieser Vorgang wird vermöge der Luft dem Auge als Blitz, dem Ohr als Donner übermittelt (de corp. XXVII, 9, p. 457; XXVIII, 14, p. 480, 481, cfr. damit Descartes, les mét. (1637), disc. sept. p. 243, 244).

Die Farben sind ebenfalls Licht, und weil durch eine sich gegenseitig hindernde Bewegung entstanden, getrübtes Licht (troubled). Bei seiner Beweisführung für diese Behauptung hält aber Hobbes den einfallenden, den gebrochenen und den aus dem Prisma austretenden Strahl nicht auseinander, sucht vielmehr aus einer Mischung dieser drei, wie er sagt, aus den transversalen Bewegungen unter denselben die Farben abzuleiten und muss dabei das zweite Licht (nach unserer Auffassung „reflektiertes" Licht; de corp. XXVII, 12) noch hinzunehmen, um aus diesen vier Grössen vier Farben zu erhalten, rot, gelb, grün (dem blau sich nähernd) und purpurn (de corp. XXVII, 13, p. 459 flg. cfr. Priestley I, p. 43, 54; Descartes, les mét. cap. VIII, 6). Descartes half sich aus dieser Verlegenheit durch die Annahme einer geradlinigen und einer drehenden Bewegung beim Lichte und liess, jenachdem die Letztere oder die Erstere stärker, oder Beide gleich stark waren, rot, blau und gelb entstehen, aus welchen drei Farben man die übrigen durch Mischung schon längst zusammengesetzt hatte (Priestley I, p. 105). Erst Newton bestimmte die Zahl und das Entstehen der Farben beim Prisma definitiv durch seine genialen Untersuchungen (cfr. Montucla vol. II, p. 518).

Auch an den zu Keplers Zeit (um 1600) wieder vorgenommenen Untersuchungen über die Strahlenbrechung im Dunstkreise beteiligte sich Hobbes, und zwar führte er die Erscheinung, dass Mond und Sterne am Horizont grösser und röter erscheinen als höher am Himmel, auf die Reflexion der Lichtstrahlen an den der Luft beigemengten Wasser- und Erdteilchen zurück (de corp. XXVII, 14, Priestley I, p. 66, 67). Zugleich verweist er auf die von Descartes bei der Erklärung des Regenbogens (les météores; disc. VIII, p. 250 flg.) benutzte doppelte Refraktion und Reflexion des Lichtstrahls in kugelförmig angenommenen Wasserbläschen als geeignet zum Entstehen der vier angegebenen Farben. Weisses Licht soll nun aus einer Mischung vieler reflektierter Lichtstrahlen hervorgehen, oder in dem Beobachter durch unendlich vielfache Reflexion der von dem leuchtenden Körper ausgehenden Strahlen das Bild des ganzen leuchtenden Körpers, d. h. das Bild von weiss hervorrufen (de corp. XXVII, 15), während Dunkelheit Aufhebung jedes Lichtes bedeute (blackness is the privation of light) und daher rühre, dass die auffallenden Lichtstrahlen nicht nach dem Auge des Beobachters, sondern nach dem Körper hin reflektiert werden. Als Begründung seiner Behauptung führt er unter anderen Beispielen die leichtere Entzündbarkeit schwarzer Körper durch Brenngläser an, dadurch bedingt, dass während bei einer weissen Oberfläche die vorstehenden Teilchen konvex, bei einer schwarzen dagegen mehr aufgerichtet seien (de corp. XXVII, 16). Sobald Licht oder Farbe eine bestimmte Gestalt annimmt, erhält man ein Bild (imago), welches, obgleich nur in unsern Vorstellungen existierend, doch zunächst als Objekt selbst genommen wird (de hom. cap. II, 1). Bei allen von Hobbes angegebenen Konstruktionen der Bilder im Auge muss man stets berücksichtigen, dass Hobbes analog der Annahmen über die Richtung der Restitution einer von einem geneigten Druck getroffenen Fläche und unter der (annähernd richtigen) Voraussetzung, dass das Auge vollständig kugelförmig ist, die Bewegung, welche die Nervenhaut des Auges trifft, stets durch das Centrum dieses kugelförmigen Augapfels reflektiert werden lässt (wegen der „resistentia"; de corp. XXVI, art. 6; de hom. cap. IV, 1), und jeder leuchtende Punkt dem entsprechend notwendig in der Richtung einer durch diesen Mittelpunkt gehenden geraden Linie gesehen werden müsste (de hom. cap. II, 2). Er wies dabei dem Fusspunkte der optischen Achse die Stelle der Netzhautgrube zu, sodass ausserhalb der optischen Achse kein deutliches Sehen möglich ist (de hom. II) und verlangte, mit Kepler, der das Auge als camera obscura betrachtete, dass der Lichtkegel durch die verschiedenen Feuchtigkeiten und die Linse auf einen Punkt der Retina zusammengebrochen werde (Montucla vol. II, p. 224 flg., Hobbes, de hom. cfr. VIII, 1). Weiter führt er eine Anzahl Täuschungserscheinungen auf dieses Princip zurück (ibidem II, 2, coroll.), unter Anderem eine dem Scheiner'schen Versuch (1619) mit der Nadel entsprechende, und sagt ganz richtig, dass bei der Betrachtung eines Objekts mit geringer Aufmerksamkeit nur ein undeutliches Bild desselben entsteht (Zerstreuungskreise), sowie dass es zur deutlichen Wahrnehmung eines Objekts einer über dasselbe hingleitenden Bewegung des Auges bedarf. Die undeutliche Wahrnehmung sehr kleiner oder grosser entfernter Gegenstände, die Erscheinung, dass lebhafte Feuerfunken und Fixsterne wie behaart erscheinen, will er, wie Gassendi (cfr. Priestley I, p. 158), aus der zu weit geöffneten Pupille erklären (de hom. VIII, 5), wodurch mehrere und dadurch undeutliche Bilder ein und desselben Punktes auf der Netzhaut hervorgerufen würden (de hom. II, 2, coroll. 3), was man vielleicht als Annäherung an die Forderung des deutlichen Sehens: dass die von dem leuchtenden Punkte ausgehenden Strahlen in einem Punkte der Netzhaut sich vereinigen, ansehen kann. Hobbes stellt als Hauptfordernis desselben die richtige Stellung von Pupille, Linse und Retina, und richtige Krümmung der Letzteren hin (ibidem 4). Deshalb giebt er auch als Gründe für die Blödsichtigkeit bejahrter Leute (er nennt dieselben $\mu\acute{\upsilon}\omega\pi\varepsilon\varsigma$) Zusammenziehung der Retina oder der Ciliarfortsätze und damit verbundene Abflachung der Linse an, oder Veränderung der Flüssigkeit, oder zu grosse Pupille, und schlägt zur Abhilfe dieser Mängel Linsen, ein mit einem kleinen Loch versehenes Blech, kleine Röhrchen (tubulus, ibidem coroll. 1, 2) vor. Zur Wahrnehmung bewegter Körper ist es erforderlich, dass denselben das Auge immer zugewandt bleibt, und da die Lichtbewegung im Auge eine Dauer besitzt (Nachbilder; de hom. cap. III, 8), wird demzufolge ein bewegter, leuchtender Punkt die Vorstellung einer zusammenhängenden Lichtlinie erwecken (de hom. p. 14, 15, vol. IV, sev. phil. probl. ch. IV, p. 29, 30), wie aus demselben Grunde nach ihm die Lichtflammen leuchtender Körper länger und breiter erscheinen, als sie wirklich sind (Irradiation). Vollständig unserer Auffassung entsprechend sind die Betrachtungen über das Messen von Strecken auf Grund der Bewegung unserer Augen (de hom.

p. 16), dass wir die Bewegung von Sonne, Mond und Fixsterne wegen einer der unendlichen Entfernung gegenüber unmerklich geringen Drehung des Auges nicht bemerken, dass bei gemeinsamer Bewegung von Objekt und Auge diese von uns nicht wahrgenommen wird, dass bei ruhendem Objekt und bewegtem Auge die Überlegung den Sachverhalt klar machen muss, dass endlich bei zusammengesetzter Bewegung des Objekts das Auge nur die ihm nicht eigentümlichen Bewegungen bemerkt. Weniger zufriedenstellend sind die Erklärungen der bei Trunkenen und sich lange im Kreise Drehenden auftretenden Sinnestäuschungen (de hom. II, 7).

Beim direkten Sehen unterscheidet Hobbes wirklichen und scheinbaren Ort des Objekts, abhängig von Lage, Gestalt und Grösse desselben, und da das Auge zur Wahrnehmung einer gewissen durch die Entfernung bedingten, endlichen Kraft bedarf, welche, wenn sie zu gering ist, zwar eine Bewegung des Sehorgans hervorruft, aber nicht den Gegenstand selbst deutlich sichtbar macht (de hom. cap. 3, 1, 2), so folgt daraus, dass die Entfernung, bis zu welcher ein Objekt deutlich wahrgenommen werden kann, wesentlich von der Intensität der Beleuchtung abhängt, ebenso dass das aus kleinsten Teilen bestehende Objekt nicht das Bild dieser kleinen Teile, sondern ihre Gesamtheit liefert. Zugleich liegt in der geringen Grösse des Sehwinkels der Grund dafür, dass wir gewisse Körper nur als Punkte wahrnehmen, des schwachen Eindrucks wegen, welchen sie auf der Retina hervorrufen. Weil nun die Begrenzungspunkte eines Objekts mit den ihnen benachbarten zu einem Bilde verschmelzen, und dem analog die Begrenzung variiert wird, scheint uns beim direkten Sehen der Ort des Bildes näher und das Bild kleiner als das Objekt (de hom. 3, 3), was sich mit der grösseren Entfernung des wahrgenommenen Objekts mehr und mehr steigert, während der Sehwinkel für beide derselbe bleibt. Hobbes will nun aus der Lage des Objekts und dem perspektivischen Horizontalpunkt (für welchen das Objekt als Punkt erscheinen würde) den Ort des Bildes bestimmen und kommt in seinen Betrachtungen zu der Folgerung, dass die grössere oder geringere scheinbare Entfernung der Objekte von den zwischen denselben und dem Auge liegenden Gegenständen abhängt, will ferner als Wirkung der nebelartig einen Körper umhüllenden undurchsichtigen Teilchen nur eine Verminderung der Beleuchtung, keine Grössenveränderung des Bildes gelten lassen (vgl. damit die Beobachtungen über die scheinbare Grösse der Menschen im Nebel;

Priestley p. 156 über Le Cat, traité des sens, p. 260). Weiter führt er ganz richtig an, dass während die Aufmerksamkeit des Sehenden intensiv auf ein bestimmtes Objekt gerichtet ist, ein sich zwischen dasselbe und das Auge schiebender kleinerer Körper dann ferner und grösser erscheint (de hom. 3, 6) und erklärt ebenso korrekt das blässere Licht und die geringere Grösse des Vollmondes tagsüber aus der überwiegenden Intensität des Sonnenlichts, übergeht aber die schon von Leonardo da Vinci, Maestlin und Kepler über das aschgraue Licht des Mondes gemachten Beobachtungen mit ihren Erklärungen vollständig (Littrow, I. Abt., Kap. XI, § 162; Hobbes, de hom. cap. III, 7). Bezüglich der scheinbaren Vergrösserung von Sonne, Mond und Sterne am Horizont betritt er den schon von Ptolemäus (Priestley I, p. 11, 12) eingeschlagenen Weg, sie aus der Beziehung der dazwischenliegenden Objekte auf Entfernung und Grösse dieser Himmelskörper zu erklären und giebt selbst eine Ableitung dafür an (de hom. cap. VII, 8, cfr. damit Descartes, la dioptr. disc. VI, p. 67), während er die auch schon im Almagest enthaltene Herleitung dieser Erscheinung aus Brechung der Strahlen durch die zwischen Auge und leuchtendem Körper befindlichen Dünste zurückweist (de hom. III, 7, Priestley, p. 67, 68, 96). Die in der Atmosphäre befindlichen Wasserdämpfe haben nach ihm keine brechende, sondern nur eine dämpfende Kraft, sie rufen nur eine Reflexion des Lichts und als Folge der sich gegenseitig störenden Strahlen die rote Farbe der Himmelskörper am Horizont hervor (de hom. cap. VII, 8). Er wendet sich auch entschieden gegen jede Annahme einer Schwankung in den Dichtigkeitsverhältnissen der reinen Luft und sieht die von Gassendi (de sole humili et sublimi, Priestley I, p. 106, 107) über die Grösse der Schatten bei aufgehender und kulminierender Sonne, sowie die an Fixsternen gemachten Beobachtungen nur als Beweis dafür an, dass in der Atmosphäre (darunter versteht Hobbes die reine Luft) keine Brechung möglich ist (de hom. cap. VII, 7), während schon von Tycho, wenn auch nur angenähert, richtige Beobachtungen über diese Erscheinung vorlagen (Montucla, vol. II bis IV, p. 664 flg.).

Die Anwendung der Geometrie für einen bestimmten Fall, nämlich die richtige Zeichnung eines Gegenstandes, wie derselbe dem Gesicht erscheint, welche besonders während des 16. Jahrhunderts neu auflebte (cfr. Montucla, vol. II, lib. V, p. 706 flg.), rechnet Hobbes als einen Teil der Optik zur angewandten Mathematik, obgleich er sie weiter nur als die Kunst bezeichnet, Pyramidenschnitte oder Kegelschnitte zu beschreiben (de hom. IV, 1). Dabei muss man wieder in Rücksicht ziehen, dass nach Hobbes nur die durch das Centrum des Auges gehenden Sehstrahlen gemeint sind (cfr. de hom. II, 2). Seine Betrachtungen gehen auch nicht über die von ihm selbst ausgesprochene Absicht hinaus, die einfachsten Fälle für Parallele und Kreise, sowie Ellipsen, Parabeln und Hyperbeln zu behandeln, doch ist dieser Teil nicht frei von Unwahrscheinlichkeiten (de hom. IV, 9, 10, 11) und bietet nur durch seine Notiz über die, von Simon Stevin zuerst erwähnten, verzogenen Bilder und deren Konstruktion eine interessante Schlusswendung (de hom. IV, 12, Priestley, I, p. 81).

Reflexion des Lichts an Spiegeln.

Im Ferneren will Hobbes versuchen, die Reflexion an einem ebenen Spiegel zu erklären (cfr. vol. VII, sev. phil. probl. ch. VII, p. 52) und führt zwar die Erscheinungen richtig an, benutzt aber in seiner Begründung das willkürlich Angenommene zum Beweis und erschwert durch seine Voraussetzung, dass das Bild näher zu liegen scheint, als das Objekt, die Darstellung unnötig. Die Vernachlässigung dieses Umstandes betrachtet er als einen die Richtigkeit der optischen Auffassung beeinträchtigenden Fehler. Vollkommen korrekt giebt er die an durchsichtigen Glasspiegeln durch mehrfache Reflexion und Refraktion resultierenden Bilder an, analog der Erscheinung, welche Kepler bei Linsengläsern beobachtet hatte (Fischer, vol. II, p. 61). Dabei muss man immer darauf Rücksicht nehmen, dass Hobbes den Lichtstrahl als körperlich ausgedehnt betrachtet (radius est spatium solidum; vol. IV, tract. opt. prop. IV), also immer ein Lichtbündel auffallen lässt. — Bei der Reflexion an konvexen Spiegeln entsprechen dem Perpendikel eines Punktes im Objekte, Perpendikel des Auges, Scheitel des Spiegels und Sehlinie unsern Begriffen vom Hauptstrahl, optischer Achse, optischen Mittelpunkt und reflektierten Strahl (de hom. cap. V, 3) und unter punctum reflexionis will er das Bild verstanden wissen. Nur lässt er bei seinen Konstruktionen die geometrischen Beziehungen beinahe allein hervortreten (de corp. ch. XIX, 3 flg.). Zwar findet er auf diesem Wege ganz richtig, dass das Bild eines unendlich fernen Punktes in die Entfernung des halben Radius eines Kugelspiegels fallen muss (analog der Formel: $\frac{1}{b} = -\frac{2}{r} - \frac{1}{d}$.

cfr. de hom. V, 4), giebt aber für den Fall, wo das Auge entfernter vom Spiegel liegt, als das Objekt, die Lage der Hauptstrahlen falsch an (nämlich alle parallel der optischen Achse) und muss folglich auch ein falsches Bild erhalten. Ebenso findet man weder bei konvexen, noch bei konkaven sphärischen Spiegeln eine Erwähnung des Brennpunktes oder seiner Wirkungen, während doch schon Porta (cfr. Fischer I, p. 168) die Bestimmung des Brennpunktes eines Hohlspiegels gab und selbst in de hom. cap. VIII, 9, eine Bemerkung über „Brenngläser" angefügt ist. Die Betrachtungen über Bilder bei concaven sphärischen Spiegeln bieten zusammen nur eine Reihe Konstruktionen besonderer Fälle, und zwar stellt er für die umgekehrte oder aufrechte Stellung der Bilder als entscheidend hin, ob die einfallenden Strahlen vor der Reflexion sich kreuzen oder nicht (de hom. cap. VI, 1 u. 3), während doch die Lage des Objekts vor oder hinter dem Brennpunkte die Lage der Bilder bedingt. Aus all' den angegebenen Konstruktionen ist nur ersichtlich, dass er den Vorgang des Entstehens von Bildern bei konkaven sphärischen Spiegeln auf nicht stichhaltige Voraussetzungen gegründet hat und demzufolge zu falschen Resultaten gelangen musste. Zu dieser Unklarheit hat jedenfalls der Umstand noch mit beigetragen, dass er der Stellung des Auges einen bestimmenden Einfluss auf die Lage des Bildes zuweist (cfr. de hom. cap. VI, 8), während doch nach den zwischen Objekts-, Bild- und Brennweite bestehenden Beziehungen keine dieser Grössen von der Stellung des Auges unmittelbar abhängig ist.

Die Refraktionserscheinungen suchte Hobbes in Übereinstimmung mit Fermat (cfr. Montucla, vol. II, p. 252) unter der Annahme zu erklären, dass eine Änderung der Lichtgeschwindigkeit beim Eintritt aus einem dünneren in ein dichteres Medium (de corp. XXVIII, 13) nur in senkrechter Richtung zulässig sei (vol. VII, lettre to Sir Ch. Cavendish, p. 460), während z. B. Descartes eine Änderung derselben in ihrer ganzen Richtung behauptete (Descartes, dioptr. disc. II; Priestley, vol. I, p. 87 flg., Hobbes, vol. VII, lettre to Sir Ch. Cav., p. 470; sev. phil. probl. ch. VII; vol. IV, tract. optic.). Bei dem specielleren Eingehen auf einzelne Fälle zeigt nun Hobbes, dass eine im dichteren Mittel befindliche Linie dem Auge als am Ende gehoben erscheint (de hom. cap. VII, 2, 4), während im umgekehrten Falle sich die entgegengesetzte Erscheinung ergibt (ibidem. 3, 5). Auf diese Weise sollen auch der von Descartes (les météores disc. dern.) behandelte

Fall, dass die Sonne früher über dem Horizonte erscheint, als es thatsächlich ist, sowie die Erscheinung der Nebensonne, ihre Erklärung finden (de hom. VII, 6; de corp. XXVIII, 16, 17; Montucla, vol. I, p. 670 flg.). Den Darstellungen über Mikroskope und Teleskope lässt Hobbes eine kurze Erläuterung über die Wirkung verschiedener Linsen vorangehen, darin dem Verfahren Kepler's folgend, der damit zuerst den gemachten Entdeckungen ein sicheres Fundament schuf (Fischer I, p. 190). Die von Hobbes behandelten Fälle geben die richtigen Brechungserscheinungen an bikonvexen und bikonkaven Gläsern wieder (de hom. VIII, 2 mit coroll. 3). Aus diesen Relationen setzt er die Wirkung der Brillen zusammen und stellt als deren Zweck hin, diejenigen Strahlen, welche entfernter vom Fusspunkte der optischen Achse als zum deutlichen Sehen notwendig ist, auffallen (also jenseits der Retina sich schneiden), oder diejenigen, welche die optische Achse diesseits schneiden (diesseits der Retina), durch richtige Brechung, bei den Ersteren durch konvexe, bei den Letzteren durch konkave Gläser an ihre richtige Stelle zu bringen (de hom. VIII, 4, 5). Allerdings kann man seine ferneren Untersuchungen nach dieser Hinsicht, zu welcher er durch die zeitgenössischen Beschäftigungen mit diesem Gegenstand angeregt wurde (cfr. Fischer, I, p. 190 flg.), nur als Versuche gelten lassen, die Erscheinungen auf Grund seiner Hypothese abzuleiten. Er berücksichtigte dabei aber die gegenseitigen Lagen von Objekt und Brennpunkt der Linsen zu wenig und nimmt von vornherein eine bestimmte Lage für das Bild durch die Stellung des Auges an (de hom. VIII, 6, 7, 8, 9). Die Anwendungen, welche er von Zusammenstellungen der Linsen macht, zeigen allerdings, dass ihm das holländische (de hom. IX, 1, 2, 5) sowohl als das Kepler'sche (ibidem. 3, 4) Teleskop bekannt sind, aber einmal benutzt er bei dem Ersteren nur einfach konvexe Objektive und konkave Okulare und bei dem Letzteren entsprechend beide Mal einfach konvexe Linsen, und dann fasst er auch beim Mikroskop den Grad und die Art und Weise der Vergrösserung unrichtig auf (de corp. XXVII, 1, p. 446). Seine Zusammensetzung des Mikroskops aus grösserem Okular und kleinerem Objektiv ist der des astronomischen Fernrohrs ähnlich (de hom. IX, 9; Fischer I, p. 203), und findet er auch ganz richtig ein umgekehrtes vergrössertes Bild. Aus Allem lässt sich zuletzt nur der Schluss ziehen, dass seine Bestrebungen auf diesem Gebiete nicht derartige gewesen sind, um eine Förderung dieses Wissenszweiges zu bedeuten.

Schall, Geruch, Geschmack, Gefühl.

Wenig besser hat Hobbes verstanden, aus seinen Principien die Erscheinungen des Schalls abzuleiten. Er unterscheidet die dabei auftretende Bewegung des Mediums als Stoss (stroke) von der nur ein Streben, einen Druck (endeavour) repräsentierenden Lichtbewegung, und sieht in der Bewegung des Mediums nicht den Ton selbst, sondern nur die Ursache der in uns stattfindenden Reaktion des Gehörorgans. Seine Vorstellungen über dasselbe sind allerdings noch sehr unvollkommen (de corp. XXIX, 1). Diese Bewegung der Luftteilchen ist nach ihm eine mit bedeutender Geschwindigkeit in sich erweiternden Kreisen stattfindende Ortsveränderung derselben (ibidem 9), die demzufolge durch den Wind verstärkt oder auch geschwächt werden kann. Man kann Hobbes aus dem Falschen in dieser Erklärung keinen Vorwurf machen, denn die Auffassung, dass die Bewegung der Luftteilchen vorwärts schreitet, während die Luftteilchen im allgemeinen an dieser fortschreitenden Bewegung nicht teil nehmen, stiess noch zur Zeit des jüngeren Johann Bernoulli (1736 „über das Licht") auf Schwierigkeiten, (cfr. Whewell, II, p. 335), wenngleich Newton schon in der ersten Ausgabe seiner Principien (1687) die Elasticität als die eigentliche Kraft der Luftteilchen, diese Bewegung der aufeinander folgenden Verdünnung und Verdichtung der Luft fortzupflanzen, nachgewiesen hatte. Wenngleich nun Hobbes in der Luft die Fortpflanzung der Schallbewegung als ein Fortschreiten der Luftteilchen hinstellt, so will er doch das Entstehen der verschiedenen hohen und tiefen Töne, sowie ihre Gleichförmigkeit und Dauer, analog den von Mersenne in seinem „Harmonicorum liber" (Paris 1636) angenommenen Vibrationen fester Körper, von der grösseren oder geringeren Anzahl dieser Vibrationen, deren Grösse, sowie der Materie dieser Körper abhängig annehmen (de corp. XXIX, 2, 3, 4, 8). Auch seine Betrachtungen über das Echo als Reflexion des Schalls bieten manche richtige Punkte, wenngleich er die Bedingungen für das Auftreten mehrfacher Echos und dergleichen nicht anzugeben im stande ist. Wahrscheinlich waren ihm die von Gassendi über die Fortpflanzungsgeschwindigkeit des Schalls angestellten Versuche nicht bekannt (Whewell, II, p. 335; Hobbes, de corp. XXIX, 7). Ebenso geht der von ihm über Saiten und deren Töne gegebene Überblick nicht über die ersten Schritte der von Mersenne angestrebten Theorie derselben hinaus (de corp. XXIX, 11).

Wie nun bei den Sinneswahrnehmungen des Sehens und Hörens die Bewegung das zu Grunde liegende Princip war, so auch bei Geruchs-, Geschmacks- und Tastempfindungen. Bei den Ersteren werden durch eine von dem duftenden Körper ausgehende Bewegung der Luft mit dem gleichzeitigen Einziehen derselben die an der Vereinigungsstelle von Mund und Nase in den Häutchen eingebetteten Nerven nach der verschiedenen Natur dieser Bewegung die einzelnen Gerüche empfunden (de corp. XXIX, 12 flg.), während beim Geschmacksorgan die unmittelbare Berührung des Gegenstandes mit den Geschmacksnerven zur Erzeugung des Geschmacks erfordert wird, ohne dass Hobbes die Natur dieser Bewegung angeben kann. Charakteristisch für die Richtigkeit seiner Ansicht ist die Annahme, dass die innere Bekleidung von Magen, Zunge, Gaumen und Nase eine von der dura mater ausgehende Haut sei, welche zugleich, durch den ganzen Körper zerstreut, die Tastempfindung vermittelt (ibidem 17, 18).

Magnetismus und Elektricität.

Schon in der Nebeneinanderstellung derjenigen Körper, welchen eine magnetische Kraft beigelegt wird, zeigt sich der enge Anschluss an die Gewohnheit der damaligen Zeit, die Elektricität als eine Art Magnetismus zu betrachten. Hobbes sagt nämlich, dass der Magneteisenstein Eisen trägt, dass Jet, wenn es gerieben wird, Strohhälmchen anzieht, dass aber beide dieselbe Ursache der Attraktion, „eine Bewegung ihrer kleinsten Teile hätten" (Decam. phys. ch. VIII, p. 152; sev. phil. probl. ch. 7, p. 55; de corp. p. 527, 528). Dem entgegen muss man sich daran erinnern, dass schon Gilbert, dessen Werk „de magnete" (1600) Hobbes selbst anführt (vol. VII, ch. VII, p. 57), in demselben einen Unterschied zwischen magnetischen und elektrischen Kräften gemacht wissen will, von denen die Ersteren nur auf das Eisen wirken, die Letzteren alle leichten Körper anziehen (Whewell, III, p. 7). Trotzdem nun Hobbes das Auftreten verschiedener Pole, die Anziehung ungleichnamiger, Abstossung gleichnamiger, die meridionale Lage der Nadel, sowie ihre Variation und Inklination kennt, lässt er magnetischen Pol und geographischen Nordpol zusammenfallen (Decam. phys. ch. IX, p. 160 flg., ch. VIII, p. 152).

Ebenso zeigt er sich mit dem Magnetismus der Lage, der Herstellung neuer Magnete durch Bestreichen, der magnetischen Wirkung durch feste Körper hindurch vertraut. Alles das lässt erkennen, dass er mit den Bestrebungen seiner Zeit rüstig Schritt zu halten bemüht war, und wenn er auch auf Grund seiner Principien keine zufriedenstellende Theorie aller Erscheinungen geben konnte, zugleich weitblickend genug war, das von ihm Aufgestellte als des Beweises bedürftige Hypothesen zu betrachten (de corp. XXX, p. 531). Seine Theorie der Gewitterbildung schliesst sich eng an die Descartes'schen Ansichten darüber an und bietet insofern nichts Neues, nur dass Descartes die Wolken dabei aus Eisnadeln bestehen lässt, während sie nach Hobbes ganz gefroren, mit kleinen Hohlräumen durchsetzt sein sollen (de corp. XXVIII, 13; vol. VII, sev. phil. probl. ch. VI, p. 47, 49). Die durch Zerbrechen dieser Eismassen hervorgerufene Erschütterung der Luft nimmt unser Auge als Blitz, das Ohr als Donner wahr (de corp. XXVIII, 14; XXIX, 5). Notwendig musste er dadurch zu der Ansicht geführt werden, dass der Blitz nicht brenne, sondern seine von den Menschen beobachtete Wirkung nur dem lebhaften direkten Luftstrome, also einer Kältewirkung zuzuschreiben sei (de corp XXVIII, 2; Decam. phys. ch. VI, p. 128). Es hängt das zusammen mit dem Unterschied der harten und weichen Körper, als in der Art und Schnelligkeit der Bewegung ihrer kleinsten Teile beruhend, sodass der Widerstand bei der ersteren sowie die damit zusammenhängende Elasticität derselben (Decam. phys. ch. V, p. 108) nur von dem Bestreben herrühre, diese Cirkularbewegung aufrecht zu erhalten (vol. VII, sev. phil. probl. ch. V, de corp. XXVIII, 10, 12). Mit Rücksicht darauf ist die von Hobbes angegebene Erklärung der Glasthränen von Interesse (Decam. phys. ch. VII, p. 131; sev. phil. probl. ch. V, 35, 37; Fischer I, p. 284 flg., II, p. 304), derzufolge, wenn der Stiel abgebrochen wird, durch die freiwerdende elastische Kraft die übrigen Glasteile mit der grössten Geschwindigkeit aufeinander treffen und dadurch voneinander getrennt werden.

Physiologische Betrachtungen.

Hobbe's anatomische Kenntnisse sind jedenfalls seinem Umgange mit Harvey, dem berühmten Entdecker des Blutumlaufs, zuzuschreiben, und wenn sie auch nur als ein schwacher Versuch gelten können, den damaligen Stand dieses Wissenszweiges darzustellen so ist ihre Berücksichtigung doch zur abschliessenden Charakterisierung des Hobbes'schen naturphilosophischen Systems notwendig.

Die zum Leben nötigen Speisen gelangen in den Magen, der sie, nach der von der Academie del Cimento vertretenen Ansicht (Whewell III, p. 470), durch seine eigentümliche Bewegung erweicht und in die Gedärme drängt. Als dünnster Teil dieses Speisesaftes tritt der Chylus (cfr. Caspar Aselli in Whewell III, p. 467) durch die Lactealien in die untere Schlüsselbeinader (vena subclavia), gelangt von da durch die vena cava in das Herz und nach Vermischung mit dem Blute in die Arterien (de hom. cap. I, 2). Von diesen schaffen die Carotides die Stoffe, welche der Ernährung dienen, nach dem Gehirn, von wo aus sie sich in die Nerven verteilen, um endlich, in unendlich viele Fädchen zerlegt, Fleisch zu bilden, das seine rote Farbe dem Einfluss der Arterien verdankt, welche ausserdem nach Sättigung der Muskel das Blut in die Kapillarvenen drängen und endlich noch die Vermittelung der Bewegungen unsrer Empfindungen nach dem Herzen übernehmen. Ausserdem ist eine Kommunikation der Luft mit dem Blute durch die Lungen und die nach denselben führenden Arterien und Venen hergestellt (de hom. I, p. 3; Whewell III, p. 457). Diese, die Cirkulation des Blutes verursachende Bewegung des Herzens (systolae et diastolae) glaubt Hobbes auf die Wirkung der Luft, als einer sogenannten Fermentation zurückführen zu müssen (de hom. 1, p. 4, cfr. Whewell III, p. 475 über Leuwenhoeck) und ahnte so gewissermassen das, was spätere Physiologen dahin beantworteten, dass diese Veränderung in der Fortschaffung des Kohlenstoffs aus dem Blute mittelst des Oxygens der Atmosphäre bestehe. Zugleich bot sich ihm dadurch eine Möglichkeit zur Begründung der Ansicht, dass die Ursachen von Krankheiten auf kleinen, in der Luft befindlichen, die Blutbewegung mehr oder weniger beeinflussenden Körpern beruhen (vol. VII, Decam. phys. ch. VII, p. 136 flg.).

Schlussbemerkung.

Ein Überblick über sämtliche Lehren der Hobbes'schen Naturphilosophie zeigt uns die Darstellung des absoluten Sensualismus ohne Färbung und Abschweifung. Aber nachdem er jedes Sein auf den Körper und jede Erkenntnis auf gegenseitige Eindrücke der Körper zurückgeführt hatte, schlug er eine idealistische Richtung ein. Zugleich leistete er der skeptischen Richtung der damaligen Zeit den Dienst, ihm durch sein System einen Anstrich mathematischer Evidenz zu geben. Ein grosses Verdienst aber erwarb er sich noch durch seine Art und Weise zu schreiben, indem er als Laie und Weltmann sprechend der Philosophie selbst die Sprache der Welt und damit die wahre Publicität gab. Wenn man also auch seine Bestrebungen nicht den epochemachenden Entdeckungen der damaligen Zeit als ebenbürtig an die Seite stellen kann, so hat er doch erfolgreich an dem Fundament unsres heutigen Wissens mitgearbeitet und wird so auch in der Geschichte der Naturwissenschaften immer seine gebührende Würdigung finden.

Vita.

Ich, Hermann Bernhard Gühne, geboren in Malkwitz bei Dahlen in Sachsen am 8. Dezember 1858, besuchte die Realgymnasien zu Döbeln und Wurzen von Ostern 1871 bis Ostern 1879, studierte hierauf an der Universität Leipzig Mathematik, Naturwissenschaft und Philosophie. Ich hörte daselbst die Herren PProf. Hankel, Scheibner, Neumann, Mayer, Klein, von der Mühll, Bruhns, Bruns, Zöllner, Wundt, Heinze, von Noorden u. A. Allen meinen Lehrern fühle ich mich zu dauerndem Danke verpflichtet. Ostern 1883 bestand ich die Staatsprüfung, legte bis Ostern 1884 mein Probejahr am Kreuzgymnasium in Dresden ab, war bis Ostern 1886 an der Realschule (Freimaurerinstitut) in Dresden-Friedrichstadt thätig und bin seitdem an das Realgymnasium zu Dresden-Neustadt übergegangen.